이 땅에도 이런 기업이

이 땅에도 이런 기업이

발행일	2019년 2월 22일		
지은이	박옥수		
펴낸이	손형국		
펴낸곳	(주)북랩		
편집인	선일영	편집	오경진, 권혁신, 최승헌, 최예은, 김경무
디자인	이현수, 김민하, 한수희, 김윤주, 허지혜	제작	박기성, 황동현, 구성우, 정성배
마케팅	김회란, 박진관, 조하라		
출판등록	2004. 12. 1(제2012-000051호)		
주소	서울시 금천구 가산디지털 1로 168, 우림라이온스밸리 B동 B113, 114호		
홈페이지	www.book.co.kr		
전화번호	(02)2026-5777	팩스	(02)2026-5747

ISBN   979-11-6299-546-4 03320 (종이책)   979-11-6299-547-1 05320 (전자책)

이 도서의 국립중앙도서관 출판예정도서목록(CIP)은 서지정보유통지원시스템 홈페이지(http://seoji.nl.go.kr)와
국가자료공동목록시스템(http://www.nl.go.kr/kolisnet)에서 이용하실 수 있습니다.
(CIP제어번호: CIP2019004792)

위대한 기업에 투자해 주식 시장의 승자가 되어라!

이 땅에도 이런 기업이

박옥수 지음

북랩 **book** Lab

　　　　　　　예전에 어떤 외국인이 쓴 글을 보았다. 당시 대기업으로 성장한 기업의 오너 겸 최고 경영자였던 사람의 글이었는데, 어떤 기업에 입사 지원한 자신을 채용하지 않아 줘서 감사하게 생각한다는 내용의 글이었다. 그 글을 읽고 2가지 이유로 어리둥절했었다. 지금은 성공했다 할지라도 초년 시절 자신을 거절한 회사에 감사한 마음이 들까, 그리고 취업할 능력도 없는 사람이 과연 구멍가게도 아니고 대기업을 일굴 수 있을까 하는 것이었다. 그러니 외국인이 쓴 글이어서 실감도 나지 않고 나와는 전혀 무관한 얘기여서 금방 잊어버리고 말았다.

　그런데 최근에 한국에도 그와 비슷한 사례가 있다는 것을 알게 되었다. 나에게는 자못 신선한 충격이었다. 그 사람은 내가 3년 전에 투자를 시작한 회사의 최고 경영자이다. 그는 국내 굴지의 그룹에 소속된 기업에 다니다가 그 그룹 전체가 해체되는 바람에 실직하고 말았다. 그는 지인들과 사업 구상을 하다가 성공 가능성은 낮지만 성공하면 업계의 패러다임을 바꿀 아이템을 찾아내고야 만다. 그 이름도 생소한 바이오 시밀러라는 것이었다. 바로 그가 서정진 회장이고 그가 세운 회사 이름이 셀트리온이다. 현재 시가 총액 기준으로 코스피(KOSPI) 7위 기업이며, 2018년 글로벌 500대 기업에 들었고 미국 포춘지가 선정한 세계의 미래 성장기업 17위로 당당히 뽑혔다.

나는 우연히 이 회사를 알게 되었고, 잠시 고민하고 나서 이 기업에 투자하기로 결심했다. 그리고 투자는 지금까지 계속되고 있으며 앞으로도 변함이 없을 것이다. 나는 투자 전문가가 아니고 그렇게 될 생각도 없기 때문에 해당 기업에 대해 정밀한 분석을 한 후에 투자를 결정한 것이 아니다. 그냥 업종 자체가 독특했고 사람이 좋아 보였다. 투자를 결정한 이유는 바로 그것이다. 독특한 업종을 선택했다는 것은 다른 사람이 섣불리 하려고 들지 않는 것을 최초로 시도했다는 것이며, 이것이 바로 창의성이자 도전 정신이다. 오늘날 이런 것을 갖추지 못한 경영자는 반드시 실패한다. 그리고 그는 주주들을 배반하지 않을 만큼 인상이 좋았다. 나는 투자 문외한이었지만 그 정도면 투자하기 충분한 조건이라고 판단했다. 평상시에 나는 다른 사람들이 가지 않는 곳에 정도(正道)가 있다고 생각했고, 서정진 회장이 정도를 걸을 인물이라는 확신이 들었다. 또 남들보다 먼저 보고 멀리 보면 무슨 일을 하든 성공할 수밖에 없다는 생각도 투자 결정에 한몫했다.

  내가 하고 싶은 말은 바로 이것이다. 적어도 투자에 관해서는 전문가라는 것이 따로 없으며, 지식과 정보로 무장한다고 해서 투자에 성공한다는 보장이 없다. 전문가가 따로 없다는 말은 본인이 전문가여야 한다는 의미이다. 즉, 자신 말고 다른 전문가에게 의지하면 안 된다는 말이다. 나 같은 초보자들도 올바른 판단력과 정상적인 사고력만 갖추었다면 얼마든지 투자에 성공할 수 있다. 이것이 이 책이 말하고자 하는 바다. 앞서 말했다시피 나는 투자 전문가가 아니며 단기간에 주식으로 돈을 버는 기술도 없다. 그런 것을 기대한다면 이 책을 볼 필요가 전혀 없다.

  셀트리온에 대한 투자를 해 오면서 여기저기서 많은 정보를 얻었다. 그러면서 느낀 점은 셀트리온은 보통의 종목이 아니라는 점이었다. 첫째 안티가 많았고, 둘째 개인 투자자들의 비중이 높았고, 셋째 주주가 아니고 무슨 연예인을 흠모하는 팬 같다는 느낌이 들었으며, 넷째 무시무시한 공매도 세력에게 시달리면서도 꿋꿋이 버티고 있었으며, 다섯째 높아진 위상에 걸맞은 대우를 받지 못하고 있었다는 점이 그것이다. 셀트리온이라는 기업은 스토리가 있으면 주주들과도 그 스토리를 공유하고 있다. 그것은 가히 신화라고 불러도 손색없는 스토리이다. 한편 지난 3년간 깨달은 중대한 사실이 있다. 한국의 주식 시장은 개인들에게 전혀 우호적이지 않으며, 가히 적폐의 최고봉이라는 사실이다.

이 책에 실린 글들은 투자를 해 오는 동안 어느 포털 사이트 주식 게시판에 올렸던 글이다. 그 글들을 몇 가지 분야로 나누어 실었다. 이것저것 기분 내키는 대로 긁적인 글들이지만, 글들을 모아 놓으니 어떤 일관성 있는 흐름이 있는 것을 발견하였다. 핵심적인 내용은 남에게 의존하지 말 것, 남들이 하는 말에 귀를 기울이지 말 것, 탐욕과 조급함을 버릴 것, 장기 투자를 할 것, 단기적 주가 흐름에 일희일비하지 말 것, 주식 투자는 가장 확실한 노후 대비 수단이라는 것이다.

주식 투자는 자기와의 싸움이라고 한다. 주식 시장에는 수많은 적들이 있지만 가장 강력한 적은 자기 안의 또 다른 자신이기 때문이다. 그래서 자기 마음을 다스리기 위한 주식 철학이 반드시 필요하다. 시집살이의 고통을 표현한 말 중에 장님 3년, 귀머거리 3년, 벙어리 3년이라는 말이 있다. 나는 이것이 어쩌면 주식 투자에 성공하는 유일하고도 가장 확실한 방법이라고 생각한다.

주식 투자를 시작할 최적의 타이밍은 최악의 타이밍이라는 생각이 들 때라는 주식 투자 대가들의 말이 떠오른다. 이 말은 주식 투자를 하는 모든 사람들이 가슴속에 깊이 새겨야 할 명언이다. 이 책은 작년에 낼 생각이 있었지만 더 적당한 때를 기다리기로 마음먹었다. 마침내 주식 투자 최악의 타이밍이라는 생각이 드는 지금이 책을 출간할 최적기라는 판단이 섰다. 이 책이 주식 투자 초보자들이나 주식 투자에 관심이 있는 분들에게 조금이나마 도움을 준다면 정말 다행이라고 생각한다.

　　끝으로 별다른 게 없는 평범한 원고를 흔쾌히 출간해 주신 ㈜북랩 손형국 대표님을 비롯한 김회란 본부장님, 이하 편집팀 일동에게 깊은 감사를 드린다.

2019년 2월

박옥수

○○
●목
　차

일러두기

이 책은 저자가 인터넷 공간에 올렸던 글을 모은 것으로서, 청자에 따라 높임말과 낮춤말을
혼용한 점은 원래의 취지를 살리기 위해 유지하였다.

제1장

공매도와 공매도 세력:

개인은 그들의 밥

금융감독원에 고한다

주가 조작질 하는 사람들을 소탕해 주기 바란다.
셀트 종목에 대해
상한가 폐지하고
일중 하한가는 -1%로 축소하기 바란다.
싫다면
공매제를 폐지하기 바란다.
하루 빨리 양단간에 결정하기 바란다!

이틀 연속 3,000원 하락

주가 조작하는 사람들에겐 의미가 있는 숫자인 듯하다.
내일은 어떻게 될지 궁금하다.

한마디 합니다(안티들도 봐라)

주식 시장은 합법적인 도박판이라고들 합니다.

돈 놓고 돈 먹는다는 점에서 도박과 똑같습니다.

그런데 합법적이면 다 정의로운 걸까요?

카지노 하는 사람을 칭찬하는 사람 있나요?

로또 하는 사람을 칭찬하는 사람 있나요?

많은 운동 경기 종목이 체급을 규정하고 있습니다.

체급은 왜 존재하는 걸까요?

그것은 체급이 다른 사람 간의 승부는 예측이 쉽기

때문이겠지요.

다시 주식 시장으로 돌아와서, 판돈이 많은 사람과

판돈이 적은 사람이 정면대결을 하면 누가 이길까요?

결과는 뻔합니다.

그런데도 정부는 그것을 좌시하고 있습니다.

한마디로 개인들은 주식 시장에 기웃거리지 말라는

얘기입니다.

월급쟁이들은 부자 될 생각을 하지 말고 지금 다니는

직장에서 열심히 일이나 해서 자기의 몸값을 높이라는

무언의 압력 아닐까요?

한술 더 떠 근무 중에 주식 하는 것은 사장의 돈을
갈취하는 것이며, 직원들에게 일자리를 제공하는,
이 사회에서 꼭 필요한 훌륭한 분을 배반하는
행위라고 주장할지도 모릅니다.
그렇다면 정부에 묻습니다.
정직하게 열심히 일하는 사람(직장인, 자영업자 등)이
성공하게 하기 위해서 한 일이 있냐고 말입니다.
가난한 사람들 중에 이 세상이 부자들의, 부자들에 의한,
부자들을 위한 세상이라는 사실에 불만 없는 사람이
있을 거라 생각하나요?
이 정의롭지 않은 주식 시장이 선량하고 힘없는 개인들의
유일한 희망이라는 사실이 대단히 씁쓸하게 느껴집니다.
셀트 주주님들,
요즘 주식 시장이 자본가들의 놀이터라는 사실을
다시 한 번 느낍니다.
그러나 힘내십시오.
그래도 우리들에게는 셀트라는 유일한 희망이
있잖아요.

작전명: 단타꾼 보유 주식 털기

주가 떨어뜨릴 거면 확실하게 떨어뜨려라.

감질 난다야.

3%는 떨어져야 스릴 좀 느끼지.

오늘 기대했는데 말이야….

결국 1주도 추매 못 했어.

그들이 주가를 떨어뜨릴수록

셀트 주주들이 품은 독은 더욱 강해집니다.

배트맨

셀트 주주들은 주가가 빨리 날아오르기를
고대하고 있습니다.
정부만 믿고 있으면 주가가 날아오를까요?
지금 정부는 신뢰를 잃었습니다.
우리는 어떻게 해야 할까요?
영화에서처럼 배트맨이 필요한 건 아닐까요?
이번 모금 운동[1]을 보고 문득 든 생각입니다.
어쨌든 이번 모금 운동이
효과를 발휘했으면 하는 바람이 간절합니다.
사상 초유의 계좌이관 운동,
사상 초유의 주주모금 운동으로도
문제가 해결되지 않는다면
그땐 정말로 배트맨이 필요해질 것 같네요.
오늘도 물량을 뺏기지 않은 주주 여러분,
화이팅입니다.

---

1   2016년 셀트 주주들은 공매도의 해악을 많은 국민들에게 홍보하기 위한 목적으로 자발
    적인 모금 운동을 벌였다.

공매도와의 전쟁

공매도와의 전쟁은
대한민국이라는 나라의 숨통을 조여 오고 있는
공포 자본주의[2]와의 전쟁이라는 생각이 드네요.
공포 자본주의 앞에서는 정치 권력도 힘을
못 쓰고 있는 듯하네요.
권력자들이 처음에는 자신의 권력 덕분에
돈 맛을 알게 되지만,
종국에는 자신이 돈의 노예가 될 뿐입니다.
이 땅의 공포 자본가들은 대한민국이라는 나라가
사라져도 전혀 개의치 않습니다.
그들에게는 자신들에게 충성할
월급쟁이 노예들만 있으면 됩니다.
우리는 반드시 이 전쟁에서 승리해야 합니다.
셀트 주주 화이팅!

---

2   공포 자본주의는 공포를 이용해 서민들의 돈을 갈취하는 자본주의 체제를 가리키는
    말로서 내가 지어낸 말이다.

공매도의 정의

공매도란 주가가 떨어질 것으로 예상해서 주식을 빌려
매도하는 행위란다.
내가 생각하기에는 그 반대인데….
주식을 빌려 매도하기 때문에 주가가 떨어지는 거겠지.
원인과 결과를 뒤바꾸면 안 되잖아, 안 그래?
까마귀나 나니까 배가 떨어지지,
배가 떨어지니 까마귀가 날겠는가?
사람들이 바본 줄 아는가?
그래 당신들이 힘세다는 건 나도 안다.
그렇다고 당신들이 신이라고 생각하는가?
주가가 떨어질 거라는 걸 미리 안다고?
주가를 올리고 떨어뜨리고는 당신들 마음이잖아.
공매도라는 보이지 않는 손이 없으면
당신들이 주식판에서 재미를
못 보는 거 아는 사람은 다 안다.

정부는 철저히 당신들 편이란 거지.

물론 당신들이 정부 고위층 사람을 매수한 거겠지.

주식 시장도 카지노판처럼 재미있어야

탐욕스럽고 무지한 개인들이 몰려들 것이고,

당신들이 그들을 벗겨 먹을 수 있겠지.

그러니 주식 시장 과열 방지를 위해서

공매도를 허용한다는 말도 안 되는 소리는 제발 하지 마라.

공매도는 패거리 자본주의의 상징이요,

당신들만의 리그를 가능케 하는 넘사벽이다.

아니, 당신들만의 리그여야 한나.

이 말은 당신들만의 시장을 만들라는 얘기다.

개인 투자자를 보호하기 위해서 말이다.

공매도의 순기능 ①

주식은 싸게 사서 비싸게 팔아야 합니다.

그런데 이렇게 하려면 당연히 시간이 걸립니다.

오랜 시간이 걸릴 수도 있습니다.

그럼 인내심이 없는 자들은 어떻게 해야 할까요?

딩동댕!

주가를 인위적으로 떨어뜨린 다음에 사면 되겠군요.

아주 손쉽게 초단기에 돈을 버는 방법이 있었네요.

이 공매도 때문에 기업 가치와 주가가

일시적으로 따로 놀 수 있는 겁니다.

물론 한 종목에 지속적으로 공매도를 자행한다면

수년간 주가가 기업 가치를 반영하지 못할 수도 있습니다.

한없이 긍정적인 사람은 여기서 순기능을 발견할 수

있겠군요.

셀트라는 회사의 가치를 뒤늦게 알아차린

진성 투자자들에게는 투자 기회를 제공하니까요.

물론 공매 세력들이 이것을 의도한 것은 전혀 아닙니다.

이것을 공매도의 순기능이라고 부를 수 있을까요?

미안하지만, 이것은 그냥 부수적 효과, 즉 외부 효과일
뿐입니다.

주식 시장 전체적으로 볼 때, 공매도는 수많은 개인들에게
크나큰 고통을 안겨 줍니다.

따라서 순기능 운운할 가치가 전혀 없습니다.

공매도는 주식 시장을, 가진 자들을 위한 놀이터로
만들어 주는 제도일 뿐입니다.

어쨌든 개인이 셀트 주식으로 돈을 버는 가장 확실한
방법은 장기 투자라는 확신이 다시 한 번 듭니다.

공매도의 순기능 ②

개인 투자자 보호와 주식 시장 과열 방지 중에서
정부는 어느 것을 우선시해야 할까요?
그동안 일일 주가 변동 제한폭은 왜 늘어났을까요?
공매도가 주식 시장 과열을 예방해 준다는 주장은
이제 그만하시고 그냥 시장에 맡겨 두시자고요.
공매도의 순기능이란 것은
그야말로 완전 말도 안 되는 소리입니다.
공매도 세력은 주가가 떨어질 것을 예상하고
공매도를 한다고 강변하지만,
공매도는 주가를 확실히 떨어뜨릴 악재를
개인들보다 먼저 접한 세력들이
주식을 빌려 투매하는 짓거리에 지나지 않습니다.
심지어 그들은 없는 악재를 만들기도 합니다.
그것은 한마디로 땅 짚고 헤엄치기인 셈입니다.
침대가 가구가 아니라고 아무리 우겨도
침대는 가구일 뿐입니다.
공매도가 순기능이 있다는 것은
4대강 사업이 순기능이 있다는 것과 같은
말도 안 되는 소리입니다!

부동산 공매도

만약 아파트, 주택 등도 공매도가 가능하다면
공매도 업자들에게 빌려주고 수수료 받을 생각이 있나요?
한 가지 질문을 더 하지요.
왜 주식은 공매도 세력에게 빌려주나요?
양다리 걸치다가 가랑이 찢어지는 수가 있습니다.
정부에 묻습니다.
부동산 공매도와 주식 공매도는 다른 건가요?
이참에 부동산 공매도 허용 여부를 검토해 보시죠.
주가 거품 잡는 데는 공매도만 한 것이 없다고
계속 주장하시니….
뭐라고요?
당신들은 부동산 거품이 절대적으로 필요하다고요?
아하, 경제 성장률 거품 만드는 데는
부동산 시장만 한 것이 또 없기는 하죠.
주주들은 너무나 자기 생각만 하는 경향이 있죠.
저도 일개 주주이다 보니 너무나 이기적인 생각을 했군요.
심심한 사과의 말씀을 드립니다….

주가 조작 세력에게

적당히 가지고 놀다가 때가 되면
제자리에 갖다 놓기를 바란다.
남의 돈 가지고 장난하는 거 아니다.
때가 되어도 제자리에 갖다 놓지 않으면
그때는 우리가 가만있지 않을 것이다.
탐욕은 주식 투자의 가장 큰 적이라는
것을 명심하거라.

공매도는 골키퍼다

골키퍼 있다고 골 안 들어간다더냐?
골키퍼 없는 팀하고 싸워서 이기면 재미없지.
막강한 골키퍼가 있는 팀하고 싸웠음에도 불구하고
이겼다면 그게 대단한 거 아니냐?
안티 여러분,
경기가 재미없어지려고 하네요.
긴장감이 있어야 관전하는 재미가 있지요.

어쨌거나, 당신들과 셀트 주주 간의 경기는 각본이 미리
정해진 드라마라는 거 알고 있기 바란다.
'기승전셀승리'라고 들어 봤는지 모르겠네.
2002년 월드컵 4강, 2018년 코스피 4강!
셀트 화이팅!

음모 ①

셀트 공매도 세력이 공매도한 주식에 대해
빌린 시점의 가격을 기준으로 현금 상환하는 것과 관련
정부를 압박할 가능성도 있지 않을까요?
우리는 상상할 수 있는 일은 뭐든 일어나는 세상에 살고
있으니까요.
죽음을 앞둔 공매도 일당들이 하지 못할 일은 없다는
생각이 듭니다.
물론 그런 일이 있어서는 안 되겠죠.

공매도의 이용 가치

'주식 추매를 위해서 공매도는 계속되어야 한다.'

이렇게 생각하시나요?

공매도는 나의 적이자 아군이라고요?

혹시 일본은 싫어도 일제는 좋다고 생각하나요?

그렇다면 당신은 바로 기회주의자!

이의 있나요?

멀미 ①

설사 하한가로

나를 흔들지라도

절대 안 판다.

아, 갑자기 어지럽고

멀미가 나네.

10년 후 달나라행 로켓을 타고

달나라 여행하는 상상을 했더니.

푸하하하….

공포의 조건

개인들에게 공포 분위기를 조성하려면 제대로 할 것.
몇 가지 힌트를 주마.

1. 소행성, 지구 초근접
2. 송도 앞바다에 고질라 출현
3. 중국 및 러시아, 달러 결제 거부
4. 세계 각국, 미국 국채 상환 요구
5. 미 연방정부 파산
6. 기적의 암 치료제 발견으로 거대 제약사 파산 위기

이 정도의 강력한 걸 뉴스로 내보내라, 기자들아.

80년 적폐 ①

남의 것을 뺏는 것에 익숙한 기업….

뽑은 직원을 키우는 것이 아니라

직원들의 모든 것을 빼앗는 기업….

선의의 경쟁을 펼치기보다

경쟁 회사의 모든 것을 빼앗는 기업…

그런 식으로 80년 동안 승승장구한 기업….

원하는 것을 빼앗기 위해

자신의 목숨까지도 내놓을 각오를 한 듯한 기업….

이런 기업의 말로는 정해져 있습니다.

그것은 역사가 증명하였습니다.

우리는 침착하게 앉아서 역사의 심판을

지켜보기만 하면 됩니다.

그 기업의 최후는 어떤 모습일까요?

〈터미네이터 2〉에서 T-1000이 일격을 당해 용광로에

빠진 다음 5단 변신을 하는 모습이 연상되네요.

적폐는 살처분이 답이다

자기 손해를 감수하면서까지
경쟁 회사 주가는 누르고
자기 회사의 주가를 띄우는 것이 가능할까요?
그 어떤 세력도 그렇게는 하지 못합니다.
그놈들은 바로 국민들의 피 같은 돈으로
그런 일들을 하고 있습니다.
적폐란 다름 아닌 국민의 돈으로 국민을 괴롭히는
일입니다.
금융 당국에 부탁드립니다.
적폐를 청산해 주십시오.

이보다 좋을 수 없다

호재와 악재를 합쳐서 뭐라고 할까요?
정답은 쾌재입니다.
공매도 세력에게
셀트의 호재는 곧 악재입니다.
악재는 말할 것도 없이 악재이죠.
호재가 있어도,
악재가 있어도
주가를 떨어뜨려 큰돈을 벌 수 있는
대한민국 주식 시장은
공매도 세력의 천국입니다.
쾌지나 칭칭 나네. 에헤라 디여. 룰루랄라.

음모 ②

지금 공매도 세력들은 무슨 생각을 할까요?

셀트 규모에 걸맞게

(그동안 셀트 많이 생각해 준 척)

지금보다 더 큰 글로벌 기업으로 성장하려면

세련되게(?) 지분 정리를 해야 한다는 식으로

정부에 로비를 벌이고 있지는 않을까요?

즉, 셀트 전체 지분에 대한

개인 투자자 비율을 강제 조정하는

법안을 만들라고 정부를 압박하는….

만약 그들이 내규보도 공매도한 주식을

상환할 의지가 있다면

그런 방법까지 동원해야 할 듯하네요.

개인들이 물량을 내놓지 않고 있으니까요.

네, 그냥 소설입니다….

금과옥조

죽으려고 덤비는 이들을 당해낼 가장 확실한 방법은
그들이 죽을 때까지 기다리는 것입니다.
살려는 자 죽을 것이요, 죽으려는 자 닐 것이니라.
공매도 세력들은 이 말을 금과옥조로 여기나 봅니다.
그들을 당장이라도 처단하고 싶지만
그 잘난 법은 지켜야겠죠.
공매도를 허용하는 악법을
법으로 인정해야 할까요?
좀처럼 동의하기 어렵습니다.
법이 가진 자들을 보호하고 있다면
그 법은 더 이상 법이 아닙니다.

게임의 법칙

셀트 투자라는 게임은

개인들의 경우, 버티기만 하면 무조건 이기는 게임입니다.

참 쉽죠?

그러나!

그렇기 때문에 불합리한 게임이라고 할 수 있습니다.

기관들의 경우, 이기는 방법이 무척이나 다양하니까요.

게임의 룰 자체가 너무도 개인들에게 불리합니다.

게임의 룰은 공정해야 합니다.

혹시 정부는 개인들이 돈을 버는 구조의 자본 시장은

존재 의의가 없다고 생각하는 것이 아닌지

강한 의심이 드는군요.

미투 운동

온 국민이 적폐 청산을 위한 미투 운동을 벌이면
청와대 청원 사이트가 마비되겠죠?
촛불의 힘이 지금의 미투 운동을 촉발한 것인지
궁금하기도 합니다.
공매도 폐지를 위해
공매도로 피해를 본
모든 투자자들이 미투 운동을
벌였으면 좋겠습니다!

거절할 수 없는 요구

국민의 이름으로
적폐 세력들에게
거절할 수 없는 요구를 한다.
민심이 천심이다.
민심을 거역하지 말거라.

80년 적폐 ②

1938년에 시작된 적폐
2018년엔 끝냅시다.
모두 함께 하면 가능합니다.
적폐의 모가지를 비틀어 버립시다!

비정상의 정상화 원년

집권 2년 차에 가장 강력한 힘을 발휘한다고 하죠.
그래서 올해가 적폐 청산의 원년이라고 생각합니다.
대통령 혼자서 적폐 청산을 해내지는 못합니다.
모든 것은 국민이 하는 것이고
대통령은 뒷정리만 하는 거지요.
셀트 주주인 우리들이 적폐 청산에 앞장섭시다.
칼자루는 우리에게 쥐어져 있습니다.

보리, 쌀 게임

주식 시장을 가만히 보고 있으면,
우리가 어렸을 적 하던 게임인
보리, 쌀 게임이 생각납니다.
물론 주먹을 내미는 쪽은 큰손들이고
양손을 벌리고 있는 쪽은 개미 투자자들이죠.
개미들이 잡으면 여지없이 보리라고 외치고
개미들이 못 잡으면 여지없이 쌀이라고 외치죠.
주식판을 기울어진 운동장이라고 하죠.
게임 규칙은 세력들을 위한 것이라는 의미입니다.
승부 조작은 다반사고요.
그런데요, 이거 기억하십시오.
셀트 같은 좋은 종목은
무조건 쌀이라는 겁니다.
그러니 머리 굴릴 거 없이,
세력들 눈치 볼 것 없이
무조건 잡고 버티시면 됩니다.

이래도, 이래도 안 팔래?

그래 안 판다!
당신들이 아무리 주가를 눌러도 절대 안 판다.
셀트는 빛이요, 소금이요, 공기요, 물이요,
쌀이요, 희망이다. 끝.

음주의 순기능 vs. 공매도의 순기능

음주와 공매도는 모두 악기능이 있습니다.
그나마 음주는 순기능도 있습니다.
공매도가 순기능이 있다고요?
요즘은 금수저에게 유리해야 순기능이라고 하나 보죠?
모든 공무원, 공공기관 채용 담당자는 채용 시험에
'순기능'에 관한 문제는 필수적으로 출제하시기 바랍니다.
주주 여러분 중 공매도가 순기능이 있다고 생각하시면
반대를 눌러 주세요.

바이오주 거품 붕괴설

요즘 바이오주 거품 붕괴설이 나돌고 있습니다.
모든 거품은 세력들이 만듭니다.
거품을 만들고 나서 거품 붕괴설을 슬쩍 흘립니다.
그것은 개인들을 보호하기 위한 것일까요?
그들의 말이 진실인지 아닌지는 전혀 중요치 않습니다.
일반적인 개인들은 이 말을 믿든 안 믿든
다칠 가능성이 높다는 것이 중요합니다.
거품 붕괴설은 그냥 미끼일 뿐입니다.
그러니 개인들은 그것의 진의를 파악해야 합니다.
가장 좋은 것은 이런 뉴스 같지도 않은 것들을
철저히 안 믿는 것입니다.
이 말을 믿는 개인들이 많을 때,
안 믿는 개인들이 많을 때
각각 다른 전략을 펼쳐
그들은 최대의 이익을 실현하려고 합니다.

물론 항상 그렇게 되는 것은 아니지만 말입니다.

금융 당국에 부탁드립니다.

제발 공매도를 금지해 주세요!

제2장

공매도와 그들의 하수인:

경제 범죄자

안티 등록제 실시

게시판에서 무허가로 도배질하는 안티들에게 고한다!
주식 시장에서 본의 아니게 손해 보는 개인 투자자들이
진정 걱정된다면 여기서 도배나 하지 말고,
차라리 분기별 실적 발표하는 당일에만
자유 가격 거래를 허용하고 나머지 기간에는
그날의 종가로만 거래하게 하자고 정부에 청원을 해라.
말인즉 1년에 4일만 자유 가격으로 주식을 거래하는 거지.
그렇게 되면 피해를 보는 개인 투자자가 별로 없을 것이다.
말이 되는 소리를 하라고?
당신들이 지금 말하는 것도 말이 안 되긴 마찬가지다.
그래도 선량한 개인 투자자를 정말 생각한다면
고정 가격 거래제를 실시하자는 주장이
당신들의 궤변보다는 호응을 얻을 거라고 생각한다.
오늘부터 안티 등록제 실시한다.
계속 활동할 생각이 있는 안티들은 댓글로 닉네임을 등록해
주기 바란다.

시간만이 답이다

주식 게시판에서 활동하는 안티들은 셀트 주주가 아님이
확실합니다.
정신건강을 위해서는 게시판에 안 들어오는 것이 더
나을지도 모릅니다.
안티들이 올리는 글은 보지 않는 것이 상책입니다.
셀트, 시간만이 답입니다.
큰 욕심 내지 말고 날마다 200원씩만 오른다고 생각하면
되지 않겠습니까?
물론 더 빨리 올라갈 수도 있지만 말입니다.
올랐다가 많이 내리니 기운이 빠지는 것은 사실이네요.
그런데 주식이 오르지 않아도 세상에는 좋은 일이
가득합니다.
셀트 주주 모두 날마다 즐거운 인생을 사셨으면
좋겠습니다.

참게는 죽지 않았다

참게는 남 잘되는 꼴을 못 보는 동물입니다.

그리고 폐디스토마의 중간숙주라고도 합니다.

셀트 게시판에서 활동하는 안티들은 참게일까요,

폐디스토마일까요?

웃자고 한 얘기고요.

겉으로 보이는 것이 전부는 아닙니다.

빙산의 수면 아랫부분이 수면 윗부분보다 몇 배 크다는

사실 잘 아실 겁니다.

퀴즈 하나 내겠습니다.

셀트가 지금까지 보여 준 게 많을까요,

앞으로 보여 줄 게 더 많을까요?

조금만 기다리면 뭔가 보여 줄 거라 믿자고요.

셀트리온의 힘

안티들아, 잘 봤지?
셀트의 힘을 말이다.
내일은 10만 원 기필코 탈환한다.
이제 셀트 적정 주가가 8천 원이라는
소리는 안 하겠지.

좋은 직업 vs. 최악의 직업

자식에게 물려줄 수 있는 직업이
가장 좋은 직업이라고 생각합니다.
그럼 최악의 직업은 뭘까요?
아마도 가족들에게 자신이 무엇을 하는지
설명하면 안 되거나 숨기고 싶은 직업 아닐까요?
게다가 벌이까지 시원찮으면 말할 것도 없겠죠?
게다가 스리디(3D) 직업이면 말할 것도 없겠죠?

○○○○ 님 보세요

예언이라는 것 누구나 할 수 있습니다.

좋은 내용의 예언에 대해서는 아무도 비난하지 않습니다.

그러나 나쁜 내용의 예언을 한 사람치고 비난받지 않은
사람이 없습니다.

옳든 그르든 나쁜 내용의 예언을 하는 사람은 비난받을
각오를 해야 합니다.

그런 사람을 비난하는 것은 인간의 본능이니까요.

당신을 비난하는 사람이 꼭 나쁜 사람인 것은
아니란 겁니다.

정말 당신 말이 맞는 것으로 판명 나면 많은 사람들이
비난을 멈추겠지요.

자신의 말이 맞는 것으로 판명 날 때까지 비난을 듣는
것은 안티하는 사람의 숙명입니다.

당신이 소수 편에 서 있다는 건 이미 아시죠?

지금 주식 시장에는 셀트에 대해 극소수의 안티,

상당수의 주주, 그리고 대다수의 부동층이 있습니다.

항상 다수가 옳지는 않지만

다수가 옳을 때가 더 많다는 것을 기억하세요.

길어야 10년입니다.

우리는 당신을 10년 동안 비난할 거고
당신은 10년 동안 비난의 목소리를 들어야 합니다.
당신이 자발적으로 사라지지 않는 한 말입니다.

단타의 유혹

주주 여러분들은 돼먹지 못한 세력들한테 당하지
마시고 셀트 주식 꼭 붙들고 계시기 바랍니다.
돈 버는 가장 확실한 방법은
내 손에 들어온 건 무조건 쥐고 있는 것입니다.
단타쟁이들은 올해 들어 셀트 주식을
팔 기회가 2번 있었다고 주장합니다.
그런 얘기는 저도 할 수 있습니다.
지나간 얘기 누가 못 하나요?
그들은 사실 맨날 팔라는 소리만 했지,
이 2번의 기회를 예측한 적이 없습니다.
그들은 증권방송에 나와 말로 먹고사는 이들보다
질 떨어지는 이들이라는 것 명심합시다.

짝퉁의 정의

꿀은 아니지만 외관상 꿀과 같은 물질을
가짜 꿀이라고 부릅니다.
자동차 연료로 쓸 수 없지만 외관상 석유와
같은 물질을 가짜 석유라고 말합니다.
당연히 이것들은 불법입니다.
그리고 사회에 해악을 가져옵니다.
여기서 뭔가 생각나지 않나요?
바로 게시판에 기생하는 이들입니다.
이들은 위 조건을 모두 갖췄으니 가짜 인간들인 셈입니다.
이들은 자기 실명으로 도저히 올릴 수 없는 글을
갖가지 필명으로 올리고 있습니다.
이들은 양심과 영혼을 팔았다고밖에 볼 수 없습니다.
연금술사들은 똥(가짜)을 금(진짜)으로 만들려고 했는데,
반대로 안티들은 금을 똥이라고 우기는 기막힌 현실….
램시마[3]보다 레미케이드가
단지 먼저 출시되었다는 이유로
램시마가 가짜라면
에어컨은 짝퉁 선풍기인가요?
물론 가짜 인간 눈에는 가짜로 보일 테지요.

---

3 셀트리온에서 얀센의 레미케이드와 거의 동등하게 제조한 바이오 시밀러 의약품이다.

모범시민

모범시민이라면 누구나 지켜야 할 에티켓이 있습니다.

야외에서 자기가 만든 쓰레기는 모아서 정해진 곳에

버려야 한다는 규칙 같은 것 말입니다.

일부 안티들은 이것을 아주 잘 실천하고 있더군요.

자신의 쓰레기를 흔적도 없이 아주 깨끗이 지우니까요.

그리고 이들은 자원 재활용도 아주 잘합니다.

바로 아이디를 재활용하는 것이죠.

그러나 진정한 모범시민이라면

절대로 주식 게시판에서

안티 활동을 하지 않습니다.

게시판 관리자에게 묻습니다

안티들의 활동은 찻잔 속의 태풍이어서
전혀 문제가 안 되나요?
성녕 이늘이 개인적인 신념 때문에
활동하고 있다고 생각하나요?
이 게시판의 성격은 무엇인가요?
개인의 생각이면 아무것이나 올려도 되는 건가요?
예를 들어, 누가 셀트의 주가는 지금이 고점이라고
한다면 그냥 무시해도 그만이지요.
그런데 이것을 반복적으로 하면 얘기가 달라지지 않나요?
게다가 여기 안티들은 훨씬 조직적입니다.
지속적인 흠집 내기를 하고 있습니다.
혹시 흠집 내기의 대상이 사람이 아니라
기업이라면 문제가 안 된다고 생각하는지요?
기업이나 사람이나 흠집 없는 것은 없습니다.
그러나 아시다시피 그것을 공개적으로
말해서는 안 되잖아요.
그리고 게시판 이름이 토론이라고 돼 있는데 특정 기업의
주가가 과연 토론의 대상이 된다고 생각하는지요?

만약 그렇게 생각한다면 특정 종교를 믿어야 할지
말아야 할지도 토론의 대상이 된다고 생각하십니까?
이도 저도 아니면 당신들은 셀트 주주와 안티들이
충돌하는 것을 즐기고 있나요?
저는 이 게시판이 주주 동호회의 성격을 띠어야 한다고
생각합니다.

안티들에게

당신들은 셀트 상장 폐지를 목표로 한다고
공공연하게 말하고 다니더군.
그러나 그것은 불가능한 일이라고 말해 두지.
그리고 한 가지 말해 두지.
불가능한 일에 도전하는 것은 바람직하지 않다는 것을.

아무나 성공하는 바이오 시밀러

셀트가 바이오 시밀러 사업을 시작할 때에는
성공률이 낮다고 비난하던 것들이
셀트가 성공한 지금 여기에 뛰어든 기업이
모두 성공할 것이라고 믿나 보다.
바이오 시밀러가 뭐 벌써 레드오션이라고?
바이오 사업이 개나 소나 성공하는 사업인가?
이런 게 자기모순 아닐까?

게시판이 봄부터 왁자지껄한 이유[4]

한 송이 국화꽃이 피기 위해

안티들은 봄부터 그렇게 울었나 봅니다.

주가가 조만간 10만 원에 안착하리라 생각합니다.

그것을 의심하는 주주분들은 안 계실 겁니다.

목표 주가가 10만 원인 주주분도 당연히 안 계실 겁니다.

안티들은 셀트 주주들이

주가 10만 원에 목매는 줄 알고 있습니다.

정말 가소롭습니다.

내가 주가 예언을 한번 하겠습니다.

셀트 주가 20만 원 돌파는 한 방에 이루어질 것입니다!

---

4 이 글은 2016년 7월 13일에 쓴 것인데 주가 예상은 참으로 어리석은 것임을 보여 주는
   글이다. 실제 셀트 주가가 10만 원에 안착한 것은 한참 후인 2017년 6월이다. 그러나 주
   가 20만 원 안착은 내 생각과 흡사하게 거의 한 방에 이루어졌다.

셀트리온에 침 뱉는 자들에게

1. 당신들은 이 게시판을 지키는 것이 본업인지 모르지만 주주들은 그렇지 않다. 절대 착각하지 말 것.

2. 수수늘은 주식으로 돈을 벌 권리가 있다. 근로로만 돈을 벌어야 한다고 생각하는가? 근로소득도 좋지만 불로소득도 나쁜 게 아니다. 우리가 당신들한테 욕먹을 짓을 하는 것인가? 그리고 우리가 시간이 썩어나서 당신들과 언쟁하는 줄 아는가?

3. 당신들이 하는 일은 사회악이자 경제 범죄이다.

4. 주주들은 장투든 단타든 가치 투자자이다. 단타 하는 사람들도 셀트의 가치는 믿지만 단지 주가를 못 믿을 뿐이다.

5. 주주들이 주가에 목을 매는 것은 아니다. 셀트는 허접한 테마주가 아니다. 단지 주주들은 셀트가 시장에서 정당한 평가를 받기를 원한다. 주주들은 주가가 오를 가능성이 높은, 그리고 오를 수밖에 없는 주식을 산 것이다. 그래서 세력들한테 농락당하는 것에 분노하는 것이다. 돈을 버는 것은 그다음 문제다.

6. 셀트 주주들은 당신들과 셀트 주가에 대해 토론할 생각 없다. 따라서 주가에 대해 토론하고 싶으면 당신들끼리 토론해라. 그리고 주주들이 쓴 글에는 댓글 안 달았으면 좋겠다.

긴급 대피령 발령

고막이 두껍거나,
시력이 나빠 문자 해독을 못 하거나,
아이큐가 80 이하이거나,
골방에 틀어박혀 반사회적인 성향이 있거나,
문해 능력이 떨어지는
애들은 제발 게시판에서 나가 주었으면 좋겠다.
정말 피곤하다.
입 아프게 두 번 얘기 안 할 거다.
당신들이 신경을 안 써도 셀트는 쭉 갈 것이다.

바이오 비슷약[5]

안티들의 헛소리가 드디어 극에 달했구나.
비슷비슷한 이들끼리 골방에 모여서 하는 짓이라곤
술 마시고, 마약 하고, 인터넷 접속해서 헛소리나 하고
참 한심하다.
그래서 나온 결론이 바이오 비슷약이라고?
말 나왔으니까 바이오 시밀러의 의미를 알려 주마.
신도시와 혁신도시라는 말은 들어 봤는가?
신도시와 혁신도시의 차이는 나도 잘 모른다.
어쨌든 혁신이라는 말이 내 마음에 쏙 든다.
바이오 시밀러는 한마디로 '바이오 혁신 약'이다.
비록 신약은 아니지만 말이다.

---

5   안티들이 바이오 시밀러를 지칭하는 용어이다.

함부로 말하기

우리는 아는 것이 권리가 된 세상에서 살고 있습니다.

모를 권리라는 말이 아직 일반화되지는 않은 듯합니다만

모를 권리도 보장되어야 한다고 생각합니다.

알고 싶지 않은 정보가 넘쳐 나는 세상이니까요.

아무리 좋은 정보라도 알고 싶어 하지 않는 사람한테까지

굳이 알려 줄 필요는 없다고 생각합니다.

물론 나중에 왜 적극적으로 안 알려 줬냐고 따지지는 말아야겠죠.

자고로 잘 모를 때는 가만있는 게 가장 좋습니다.

지위고하를 막론하고 말이지요.

그래서 아무리 나이가 많고 지위가 높아도

모르면 배워야 하는 것도 진리입니다.

전혀 모르는 것은 위험하지 않지만

잘못 알고 있는 것은 아주아주 위험합니다.

게시판의 안티들이 대표적이죠.

알려고 하지 않는 것은 권리일지 몰라도

모르고서 함부로 말하는 것은 유죄!

안티들의 일상

앉으나 서나
자나 깨나
꿈속에서도
양치질하면서도
볼일 보면서도
일어나자마자 눈곱 떼면서도
라면에 소주 먹으면서도
꽁초담배 피우면서도
셀트만을 생각하는 안티들.

미련

부동산 값이 떨어지지 않는 이유는?
수구 보수세력들이 모 당 지지를 철회하지 않는 이유는?
공매도 세력이 셀트를 떠나지 않는 이유는?
안티들이 셀트 게시판을 떠나지 않는 이유는?
미련 미련 미련 때문일 거야….

팩트 체크

제약주가 한물갔다고 떠드는 환우가 있는데
팩트 체크 해 보겠습니다.
첫째, 이런 유형의 환우가 과연 약의 도움 없이
정상인으로 복귀할 수 있나?
답변: 불가능하다!
둘째, 난치병 환자가 점점 줄고 있나?
답변: 아니다! 점점 늘고 있다.
셋째, 난치병은 단번에 치료가 가능한가?
답변: 그렇지 않다. 따라서 매출이 꾸준히 일어난다.

결론: 제약주는 한물간 것이 아니며 앞으로 전성기를
맞을 것이다.

어느 안티의 변명

양심이 밥 먹여 주나요?
정의가 법 먹여 주나요?
저어도 나한테는 안 그렇더군요.
어차피 정의하고 양심, 이런 거
상대적인 거 아닌가요?
그때그때 상황에 맞게
변신할 때는 변신해서
융통성 있게 사는 것이
잘 사는 거라 믿습니다.
원칙 따지는 사람에게 한 가지 묻지요.
당신은 밥 굶고도 정의를 외칠 건가요?
곧 죽어도 원리 원칙만 강조한다면
참으로 딱하고 답답한 노릇입니다.
인간에게 변치 않는 진실이란
굶으면 죽는다는 것 하나뿐입니다.
나한테는 밥이 곧 정의고 양심입니다.
나 이래 봬도 밥 안 굶습니다.
그리고 이 바닥에서 나름
인정받는 프로 승부사입니다.

마지막으로

내 일자리를 뺏는 자는 그 어떤 자든

용서치 않겠습니다.

어느 안티의 고별사

나는 오늘 안티 생활을 그만둡니다.
불사이군이라는 말이 있죠.
셀트가 큰물로 이사했으니[6]
당연히 셀트 게시판에서
사라지는 게 도리인 줄 압니다.
세상에 무수한 직업이 있지만
직업엔 귀천이 없다는 신조로 살아왔습니다.
확실히 내 직업은 욕을 많이 먹는 직업이더군요.
그동안 밥을 안 먹어도 배부른 직업이라고
나름대로 자위하고 견뎠지만
최근에 큰 변화가 있었습니다.
그게 뭐냐고요?
요즘 들어 우리 고용주는 밥을 안 먹이더군요.
두말 않겠습니다.
나는 오늘자로 이 게시판을 떠납니다.
한 번 떠나면 다신 오지 않을 겁니다.
제 얼굴 보고 싶어도 참아 주세요.
부디 저를 붙잡지 마시기 바랍니다.

---

6   2018년 2월 셀트리온이 코스닥에서 코스피로 이전 상장되었다.

아, 배고프다.

앞으로 뭐 해 먹고살지?

정말 파지 주워야 하나….

안티들의 존재 가치

공매도 세력이 안티들을 고용하는 이유는

바로 게시판의 목적인

정보 공유와 소통을 막는 것입니다.

게시판을 어지럽히면

당연히 방문자가 현격히 줄어들게 됩니다.

그러니까 그들에게

돈을 주고 게시판에서 활동하게 하는 겁니다.

안티들아, 내 말 맞지?

안티 행위는 경제 범죄

글솜씨를 뽐내기 위해서?
많은 추천수를 받기 위해서?
심심해서?
관심받기 위해서?
정보를 전달하기 위해?
사람들이 돈 버는 것이 배 아픈 나머지,
주제넘게 다른 사람 재산 걱정해 주는 척하면서
게시판에 글을 쓰는 것은
분명 어떤 이유가 있습니다.
세상에는 이런 사람도 있고 저런 사람도 있으니까
다 이해할 수 있습니다.
그러나 이런 일을 다른 사람에게서 돈을 받고 하는 것은
심각한 문제입니다.
더구나 다른 사람 필명을 도용해서 게시판 도배 행위를
하는 것은 마땅히 경제 범죄로 다스려야 합니다.
그리고 모든 경제 범죄자들은 단순 살인범보다
더 무거운 형벌을 내려야 합니다.

안티들의 정신세계

연기를 하면 배우….
목소리 연기를 하면 성우….
댓글 연기를 하면 뭐라고 불러야 할까요?
이 셋은 결국 연기자입니다.
요즘 재연 배우라는 직업도 있더군요.
게시판 안티들은 자신들을 그냥
드라마에 출연하는 악역 배우라 여길 겁니다.
그러니 죄의식을 느낄 리가 없겠죠.

제3장

좋은 주식:
결국은 실적뿐

긍정의 힘

긍정의 힘이란 말이 있습니다.
이 말은 헬렌 켈러를 키워 낸 설리번 선생님의
교육 철학이었을 겁니다.
그런데 지금의 셀트를,
설리번 선생님을 처음 만났을 때의 헬렌 켈러로
보는 이들이 바로 안티들입니다.
저도 안티들에게 긍정의 에너지를
불어넣고 싶네요.
그들이 눈을 뜰 수 있도록 말입니다.

셀트리온에 투자하는 이유 ①

1. 불가능할 것처럼 보이지만 혁신적인 사업모델(심지어 사기꾼이라는 말을 들을 정도)을 가지고 있다.
2. 사업모델이 단순하다(문어발이 아님).
3. 시장이 무한 성장 가능하다.

그 외에 특별히 다른 이유는 없습니다.
하지만 불가능을 가능으로 바꾸는 것이 대단히 어렵고
많은 시간이 걸린다는 것은 증명됐습니다.
적어도 현재까지 셀트는 주주들의 믿음을 저버리지
않고 있습니다.
주주들의 믿음을 저버리지 않는 한 셀트를 떠날
이유는 없다고 생각합니다.
물론 세계적인 제약회사가 되려면 매우 긴 시간이
필요할지도 모르지만 말입니다.
20년 전에 한국에서 세계적인 운동선수(박찬호, 박세리,
김연아, 박태환, 최경주 등)가 나올 거라 믿은 사람이
있을까요?
한국 제약산업의 역사도 결코 짧지 않습니다.
셀트가 아니더라도 세계적인 제약사가 조만간
배출될 거라 믿습니다.

셀트리온 주주 vs. 종교집단

안티들이 셀트 주주를 종교집단에 비유하는데
그것은 잘못된 표현입니다.
주식 투자와 종교와의 차이점은 아래와 같습니다.

1. 장기 투자를 하는 사람이라도 매일매일 회사를
   지켜봐야 할 의무와 책임이 있다.
2. 종교와 달리 장기 투자는 대단히 외로운 자신과의
   싸움이다.
3. 주주들의 믿음은 회사의 불확실하지만 희망찬
   미래에 대한 믿음이다.

바이오 시밀러의 의미

외국의 기업인들이 한국에서 일을 벌이는 기업은
셀트밖에 없다 했다고 지난 3월 주총에서 서 회장이 말한
것이 생각납니다.
요즘 다국적 제약사들이 현실에 안주해 있는 듯한데요.

기업이 현실에 안주하는 순간 기업의 운은 다합니다.

서 회장은 이런 상황을 미리 내다보고

바이오 시밀러 사업을 시작한 것으로 보입니다.

저는 주식을 오래 하지도 않았고

특히 제약업에는 문외한입니다.

따라서 아래 내용은 제 개인적인 생각입니다.

셀트는 퍼스트무버일까요, 패스트팔로어일까요?

저는 퍼스트무버라고 생각합니다.

바이오 시밀러는 제약업에서 새로운 패러다임이거든요.

바이오 시밀러는 이미 존재하는 오리지널 바이오 제약

시장을 급격히 잠식할 것입니다.

기존 메이저 제약사들은 더 이상 현실에 안주하지 못하게

될 것이며, 살아남기 위해서는 신약 개발에 더욱 박차를

가해야 할 겁니다.

바이오 시밀러 개발은 바이오 신약 개발을 촉진하여

전체 의약 시장을 키우리라 생각합니다.

그럼 바이오 시밀러는 우리말로 무슨 뜻일까요?

안티들이 주장하는 것처럼 짝퉁 바이오일까요?

저는 '진짜^{original}보다 더 진짜 같은'

바이오 의약품이라고 생각합니다.

요즘 VR이 뜨고 있죠?

이것도 '진짜보다 더 진짜 같은' 현실 아닌가요?

셀트리온의 미래

다음은 제 상상입니다.

현재 세계적으로 신약 개발 시장이 정체된 상태입니다.

가구 정부에서 제약회사들이 신약 개발을 두려하기 위하어

이중 약가제를 실시한다면 어떻게 될까요?

여기서 말하는 이중 약가제는 부유층과 서민층에 판매하는

약가를 다르게 한다는 것입니다.

일반적으로 제약회사에서 약가를 일방적으로 높일 수 없게

돼 있거나, 그렇지 않다 하더라도 그렇게 규제하는

추세인 듯합니다.

그렇다 보니 제약회사는 신약 개발에 천문학적인

비용을 쓰고도 만족스러운 이익을 거두기 어렵습니다.

그래서 신약 개발 시장이 정체된 면이 있는 것 같습니다.

만약 정부에서 부유층에 대해서는 약가 제한을 없앤다면

신약 개발이 촉진되지 않을까 싶습니다.

만약 그렇게 된다면 셀트의 미래가 더 밝아지겠죠.

기분이 꿀꿀해서 즐거운 상상 한 번 해 봤습니다.

바이오에 꽂힌 문어발 재벌

대재벌 창업자들은 도전정신이 조금은 있었는지 몰라도
금수저로 태어난 재벌 2, 3세들이 도전정신이 있을까요?
남들이 바이오, 바이오 하니까 개나 소나 다 덤비고
있습니다.
바이오 사업, 안티들 말대로 정말 어렵습니다.
시간, 돈, 주위 사람들, 게다가 안티와도
싸워야 하는 힘겨운 싸움입니다.
서 회장도 이럴 줄 알았다면 시작을 안 했다고 고백했죠.
금수저들에게 돈은 많습니다.
그런데 그들에게 시간이 많을까요?
바이오 사업에 돈 집어넣으면 몇 분 만에
몇 배로 튀겨져 나오는 줄 압니다.
바이오 사업이 무슨 팝콘 제조기인가요?
그리고 땅 파면 돈 나오는 줄 아는 이들입니다.
그렇습니다. 그들은 인내심이 없습니다.
절대로 그들은 바이오 사업에서 성공 못 합니다!
이상입니다.

셀트리온이 없었더라면

은퇴 후 산에 가서 살아야 하나 고민했을지도 모릅니다.
다행히 셀트 덕분에 노후에 여유 있게 살 것 같습니다.
그래서 요즘 행복합니다.
물론 재미도 있고요.
제가 회사를 키운다는 생각으로 살고 있거든요.

도전정신과 미래가치

기술을 수출한 회사가 좋을까요,
아니면 기술을 개발해서 완제품까지 생산하는 회사가
좋을까요?
판단은 각자가 하는 겁니다.
저는 서 회장의 도전정신이 가장 마음에 들었습니다.
일반인들의 눈에는 보이지 않는 미래가치를 볼 줄 아는
사람이 주식 투자에서 성공할 수 있습니다.
미래가치를 볼 줄 모르는, 그럴 생각조차 않는 사람에게는
아무리 설명해도 한낱 공허한 메아리로 들립니다.

한편 귀가 얇은 사람들은

다른 사람의 말을 듣고 셀트 주식을 살지도 모르지만,

이 회사의 미래가치를 보지 못하면 역시 장기 투자의

가능성은 없습니다.

그렇지만 미래가치를 본 사람들은 안티들이 백날 사지

말라고 떠들어도 장기 투자를 합니다.

그러므로 미래가치를 보느냐 못 보느냐가

장기 투자를 결정하는 요소입니다.

안티들은 겉으로는 개인들이 멋모르고 셀트 주식을

매수했다가 손해를 보는 것을 걱정하는 것처럼 보이지만,

실제로는 주가가 박스권에 머무는 것을 보고 실망한

개인들에게 투매를 유도하려고 깊은 애를 쓰고 있는

나쁜 자들입니다.

장기 투자자들은 누가 뭐래도 흔들리지 않습니다.

셀트의 미래가치를 보았기 때문입니다.

미래가치가 일반인의 눈에 보이지 않는 이유는

투명 망토를 걸치고 있기 때문입니다.

창과 방패의 대결

창과 방패가 겨루면 누가 이길까요?

대부분의 사람들이 창이 이긴다는 것에 동의할 겁니다.

한국 재벌 중에 창 마인드를 가진 경영자가 있나요?

모두 방패 마인드를 가진 경영자밖에 없는 것 같습니다.

창 마인드를 가진 한국 최고의 경영자 서정진 회장이

이끄는 셀트는 한국 최고의 저격수입니다.

실력 없는 사수들은 총알을 낭비하지만

최고 실력을 갖춘 저격수는 한 발이면 충분합니다.

기다려라, 안티들아!

셀트리온 같은 회사

셀트처럼 믿을 만한 회사 있나요?

셀트처럼 안심하고 장기 투자 할 회사 있나요?

셀트처럼 정도 경영하는 회사 있나요?

셀트처럼 미래 지향적인 회사 있나요?

셀트처럼 도전적인 회사 있나요?

셀트처럼 경영진이 양심적인 회사 있나요?

셀트처럼 실적이 성장하는 회사 있나요?

셀트처럼 강인한 회사 있나요?

셀트처럼 주주들이 힘을 실어 주는 회사 있나요?

셀트는 자랑스러운 우리 기업입니다.

이런 회사 다시없습니다.

제2의 셀트리온

대한민국에서 그런 일이 가능하다고 믿는가?

지나가는 개가 웃는다.

차라리 제2의 김연아가 나온다고 해라.

믿어 줄 테니.

셀트는 그야말로

신화이다.

새로운 역사를 창출할 것이다.

국민혈세로 운영하는 창조경제는

개한테나 줘 버려라.

가수 이승철이 일찍이

노래했지.

그런 셀트 또 없다고….

진정한 초일류

제 생각에,

튼튼한 진입 장벽을 가진 핵심 기술을 보유하고 있고

가격 결정권을 쥐고 있으며
국제 경기에 별 영향을 받지 않고
경쟁 기업과 국민으로부터 존경을 한몸에 받는 기업이
진정한 초일류입니다.
이렇게 될 기업이 한국에 딱 하나 있습니다.
대한민국의 진정한 초일류, 셀트!

저스트 원

혹시나 했지만
역시나였다.
김연아의 뒤를 이어
세계를 놀라게 할 피겨 선수는
평창 동계 올림픽에서 나오지 못했다.
안티들아,
무슨 뜻인지 알지?
셀트의 뒤를 이어
세계를 놀라게 할 바이오 회사는
나오지 못한다.

저런 기업, 이런 기업

경쟁 기업 모조리 죽이고 자기만 살아남아
파이를 독식하겠다는 목표를 설정한 기업….
주주들에게는 최고의 기업일지도 모릅니다.
이런 기업은 흔하디흔합니다.
아무리 경쟁이 치열하고 기업 활동이 전쟁으로 치달아도
선의의 경쟁을 펼친다는 생각을 버리면 안 되지요.
한편
경영자가 목숨 걸고 사업 하는,
같은 업종의 다른 기업을 이끄는,
주주들이 다른 주주와 상생하려는,
투자를 하면서 종종 신도로 오해받는,
그렇다고 신도가 아니라고 잘라 말하기도 어려운,
투자하면서 정의가 뭔지 몸으로 체험할 수 있는 기업….
이런 기업은 셀트 말고 또 없습니다.

시대가 원하는 리더

지금 시대에 필요한 것은
하라면 해야 하는
보스가 아니라,
큰 방향을 제시하는
서정진 회장 같은 리더입니다.
이 땅에 진정한 리더가 있었던가요?
저는 없었다고 생각합니다.

꿈보다 해몽

기자들은 친절합니다.
해몽을 참 좋아하니까요.
날마다 주가는 오르락내리락하지만
사실 특별한 이유는 없습니다.
그런데도 기자들은 굳이 그 이유를 설명하지요.
그 이유란 게 참 궁색합니다.
오를 때는 무슨 기대감….
반대로 내릴 때는 무슨 실망감….
그러니까 기〇〇라고 부르지요.
기대감은 주가를 일시적으로 끌어올릴 뿐
오른 주가를 지지하지 못합니다.
확실한 것은 지금까지 셀트 주가가 기대감으로
오른 적은 한 번도 없다는 것, 그리고
실망감으로 내린 적도 없다는 것입니다!
반면 셀트를 뒤따르는 무수한 뱁새들은
단지 기대감으로 주가 거품을 형성하고 있죠.
거품 형성할 때는 셀트 명성 훔쳐 가더니,
거품 꺼질 때는 셀트 재산 축내네요.

제4장

좋은 투자 방법:
첫째도 둘째도 장기 투자

셀트리온의 몸값

작년 셀트의 주가수익률은 100 정도입니다.

한편 A 기업의 주가수익률은 8.7로 나오네요.

주가수익률을 기준으로 흔히 주가가 과열됐거나

저평가됐다고 하는데요.

물론 그렇게도 볼 수 있지만 주가수익률이 높다는 것은

해당 종목의 전망이 좋다고 볼 수 있습니다.

쉽게 말해서 셀트는 잔존 기대수명이 100년이라는

것이고, A 기업은 8.7년이라는 것입니다.

그래서 안티들이 보기에 지금 셀트의 몸값이 높게

보일 수도 있습니다.

셀트는 향후 수십 년 동안 업계를

호령할 회사입니다.

셀트리온에 투자하는 이유 ②

난 먼 미래를 보고 투자한다.

물론 주가가 매일매일 오르면 더 좋다.

다들 그럴 것이다.

그러나 그것은 헛된 욕심이라는 것을 잘 안다.

상한가 가는 종목이 하루에 하나씩은 있다.

그것을 미리 알 수만 있다면 진작 재벌이 되었겠지.

그러나 주식으로 재벌이 되려는 것도 헛된 꿈일 뿐이다.

건실하고 탄탄하게 성장하여 대한민국에 보탬을 줄

회사에 투자해서 동반 성장하고 싶은 마음….

대체로 사람들이 이런 초심으로 주식을 시작했을 것이다.

그러나 대부분은 헛된 욕심을 내게 되고 주식 시장은

투기판으로 변해 버린다.

셀트 투자자들은 오늘 8천7백 원을 내주었지만

확실한 금맥 하나를 얻었다.

물론 금맥이 될 후보들이 줄줄이 대기 중이다.

오늘 내준 8천7백 원은 87만 원이 되어 돌아올 거라

믿어 의심치 않는다.

셀트 주주 여러분, 여러분은 새로운 대한민국을

만드는 데 단단히 한몫하고 있습니다.

시간여행

셀트 주주 모두는 오늘 시간여행을 떠날 기회가
주어졌습니다.
지금으로부터 정확히 10년 후로 가실 수 있습니다.
이 여행은 셀트의 10년 후 주가를 확인하기 위한
여행입니다.
시간여행을 떠날 타임머신에 타시겠습니까?
그런데 조건이 있습니다.
10년 후 미래로 갈 수는 있지만
현재로 되돌아오는 것은 불가능합니다.
그래도 타시겠습니까?
저는 타지 않겠습니다.
10년 후 주가를 아는데 군이 시간여행을 할
필요를 못 느끼기 때문이기도 하고,
하루하루가 소중한데 그 소중한 시간을
건너뛰고 싶지 않기 때문이기도 합니다.
사랑하는 가족과 동행하다가 10년 후에
셀트의 미래 모습을 확인하고 싶습니다.

그것이 더 즐거울 거라 생각합니다.

여러분이 믿는 10년 후 모습이

바로 10년 후의 실제 모습입니다.

부자가 되고 싶습니까?

저도 부자가 되고 싶습니다.

어떻게 부자가 되고 싶으냐고요?

셀트 주식을 보유하면서 궁극적으로 부자가 되고
싶습니다.

왜 하필 셀트냐고요?

투자를 처음으로 제대로 한 종목이 바로
셀트이기 때문입니다.

이 마음 변치 않기를 바랍니다.

저만 변치 않는다고 해서 좋은 관계가 유지될 순 없겠죠.

셀트도 주주들을 배신하지 않았으면 좋겠습니다.

셀트가 배신하면 어쩔 수 없이 주식을 팔아야겠죠?

그럼 그다음이 문제입니다.

다른 종목을 찾아 헤매야 할 텐데

아마 그러지 못할 것 같습니다.

배신당한 마음을 어떤 종목이 위로해 줄 수 있을까요?

아마도 그런 종목은 이 세상에 없을 것 같습니다.

만약 그런 일이 벌어진다면
저는 투자 자체를 접을 생각입니다.
모든 주주들이 이런 마음으로 임한다면
반대 세력들에게 이길 수 있지 않을까요?

'당신 없는 행복이란 있을 수 없잖아요.'

위 문장은 남자의 순정을 표현하는 노랫말이죠.
요즘에는 여자 스토커로 오인될 소지도 있긴 합니다만….
저는 그냥 남자의 순정을 표현하는 말이라고 믿습니다.
자, 화이팅입니다!

어제, 오늘 그리고 내일

안티들은 하루살이 인생이라

어제에 집착하면서 오늘을 살고

내일이 없으니까 그것에 대해 생각을 안 하지만,

셀트 주주들은 철저히 내일을 삽니다.

둘 사이에는 이런 엄청난 차이가 있습니다.

오늘 셀트가 100만 원에 도달한다면

그것은 로또 당첨과 다를 것이 없죠.

당연히 다음 날 폭락할 것이며

폭등한 주식을 산 사람들은 패가망신할 확률이 높습니다.

그리고 한 번 올라간 눈높이는 절대 떨어지지 않습니다.

저는 그것을 바라지 않습니다.

주가가 살금살금 야금야금 올라가길 바랍니다.

10년 후 목표 매출

셀트의 10년 후 목표는 매출 10조 원이라고 합니다.

물론 충분히 달성할 수 있는 목표라고 생각합니다.

매출 10조 원은 세계적인 제약회사로 발돋움하기 위한

첫 번째 이정표이기도 하지만,

대한민국의 열악한 환경에서 살아남기 위해서라도

반드시 달성해야 할 목표라고 생각합니다.

공매도 세력들을 때려잡는 것은 오로지 실적이기

때문입니다.

저는 셀트 임직원들이 매출 10조를

다소 도전적인 목표로 생각하지 말고

마지노선으로 생각하고 목표에 매진해 주기를 바랍니다.

오늘 주가 10만 원이 보이는 하루였습니다.

아마도 내일은 달성하지 않을까요?

10년 후를 내다보고 여력이 있으신 주주분들은

1주라도 더 매수하시기 바랍니다.

개미와 베짱이

더운 여름 베짱이들이 아무리 비웃어도
개미들은 열심히 셀트 주식을 사 모읍니다.
이 세상에는 베짱이가 너무도 많습니다.
베짱이들의 비웃음을 이겨 낼 배짱이 없으면
부자가 될 수 없습니다.
비웃음을 이겨 내면 언젠가 웃음이 찾아옵니다.
부지런한 개미들을 비웃던 베짱이들은 결국 슬픔에
빠집니다.
그러나 겨울이 오면 반대로 개미들이 베짱이들을
비웃을 수 있게 됩니다.
베짱이들아, 지금 실컷 우리들을 비웃어라.
그러나 10년 후에는 우리를 부러워할 것이다.

장기 투자의 조건

나는 개인들이 주식으로 돈을 벌 방법은 장기 투자밖에 없다고 생각한다. 그런데 이것이 절대로 쉬운 것이 아니다. 장기 투자를 하려면 인내심, 평정심, 미래를 내다보는 혜안 등이 있어야 하기 때문이다. 사실 주식이 아니더라도 재산 증식에 앞서 갖춰야 할 기본자세는 인내심이다.

하지만 예금이나 보험 등의 장기 금융 상품에 가입한 후 중도 해약하는 사람이 많은 것을 보면 인내심을 갖춘 사람은 그리 많지 않은 듯하다. 그중에서도 주식 시장에 들어오는 사람들은 인내심이 더욱 부족한 것 같다. 주식 시장에는 일확천금을 노리는 사람들이 유난히 많다. 그런 사람들은 큰 수익을 기두기 어려우며 오히려 위험에 처하기 십상이다. 나는 이 인내심이 재산 증식의 성패를 가름한다고 생각한다. 따라서 도박을 좋아하는 사람은 재테크를 아예 하지 않는 것이 좋다.

그다음으로 장기 투자를 하는 데는 평정심이 필요하다. 주가는 연일 살아 있는 생명체처럼 오르락내리락한다. 그것을 쳐다보고 있으면 누구나 현기증이 나고 마음이 흔들리는 것을 경험한다. 주가 변동을 눈으로 열심히 좇는다고 해서 달라지는 것은 아무것도 없으므로 굳이 쳐다볼 필요는 없다. 그럴 시간에 자신의 본업을 충실히 하는 것이 바람직한 자세이다. 장기 투자를 하려면

나무를 보지 말고 숲을 봐야 한다. 장기적 주가 흐름을 살펴야지 단기적 주가 흐름에 흔들려서는 안 된다.

　마지막으로 미래를 내다보는 혜안이 필요하다. 아무 종목에나 돈을 넣어 둔다고 절대 수익이 나지 않는다. 좋은 종목을 골라 거기에 돈을 묻어야 한다. 좋은 종목이란 좋은 기업의 주식인데, 더 정확히 말하면 앞으로 실적이 많이 좋아질 기업의 주식을 가리킨다. 지금은 그리 좋아 보이지 않지만 엄청난 잠재 가치를 지닌 기업을 골라내야 한다. 대다수 사람들이 아직 그것을 인지하지 못할 때 그 기업의 주식을 선점해야 한다. 대다수 사람들이 좋다고 생각하면 이미 주가가 많이 올라 있을 것이기 때문이다. 누가 봐도 좋은 기업은 이미 좋은 투자 대상이 아닌 것이다.

　개인적으로 높은 시장 지배력, 진입 장벽 역할을 하는 고도의 기술력, 신시장 창출 능력 등이 기업 가치를 평가하는 데 중요하다고 생각한다.

순간의 선택이 10년을 좌우합니다

이것은 광고 카피가 아닙니다.

투자의 기본입니다.

자, 망설이지 말고

달리는 말에 올라타 봅시다.

타, 셀트리온!

모로 가도 서울만 가면 된다

우리의 목표는 서울입니다.

서울에 도착하는 건 확실합니다.

10년만 기다리십시오.

조일모육, 조삼모사, 조사모삼, 조육모일 모두 같습니다.

죄송합니다. 말장난 한 번 해 봤습니다.

10년만 기다리면

틀림없이 모두가 만족할 주가에 도달해 있을 겁니다.

시작은 미미하나 끝은 창대하리라!

인생역전

셀트는 당첨률 99.8% 로또입니다.
자, 지금도 안 늦었습니다.
최고의 노후 대비 투자입니다.
잘 키운 주식 하나 열 자식 안 부럽습니다.
요즘 이렇게 쉽게 돈 벌어도 되는 건가
하는 생각이 드네요.
일생 동안 기회는 3번 온다고 하지요.
셀트는 그중의 하나라고 확신합니다.
기회는 너무나 빠른 속도로 멀어지므로
독수리가 먹잇감을 낚아채듯이
순식간에 잡아야 합니다.
다음 주부터 10만 원대 주가는 영영 못 보게 될 겁니다.
이번 주가 마지막이 될 거라는 강한 느낌이 오네요.

지수법칙

'시작은 미미하나 끝은 창대하리라.'

이 말은 딱 셀트를 두고 하는 말이라는 생각이 드네요.

수학 시간에 지수법칙을 배웁니다.

저는 개인적으로 모든 주가는

지수법칙을 따른다고 생각합니다.

지수법칙에서 중요한 것은 '밑'입니다.

그런데 지수곡선이 우상향하려면 밑이 1보다 커야 하죠.

즉, 기업이 지속적으로 성장하려면 본바탕(기술력 포함)이

건실해야 한다는 얘기입니다.

따라서 주식 투자에서 중요한 것은 기업의 본바탕을 볼 줄

아는 안목입니다.

셀트 장투자분들은 모두 이미 좋은 안목을 구비하고

계신 겁니다.

게다가 무거운 엉덩이까지….

6·29 선언

오늘 셀트는 6.29% 상승으로
6·29 선언을 한 셈입니다.
앞으로 30년간
제약업계를 호령할 것임을
믿어 의심치 않습니다!

셀트리온의 성장성

셀트의 성장성에 대해

섣불리 예측하지 마시기 바랍니다.

전문가들의 예측을 믿을 수 있다고 생각하나요?

도대체 전문가가 뭐지요?

책임질 수 없는 사람은 전문가가 아닙니다.

전혀 책임질 생각도 없으며

주위에서 주워들은 것을 읊어 대는

자칭 전문가들은 차고 넘칩니다.

게시판 안티들도 일종의 전문가이겠죠.

투자자라면 알아야 할 것이

투자 전문가는 따로 존재하지 않는다는 것입니다.

자신이 바로 전문가입니다. 아니 전문가여야 합니다.

그래야만 성공합니다.

최종 책임자가 곧 전문가인 것입니다.

지금 셀트는 우리가 미처 경험하지 못한 세계로

나아가고 있습니다.

정말 흥분되네요.

추매한 주식

장투자분들이
주기적으로 추매하는 주식도
결국은 장투를 위한 것입니다
추매한 주식은 일시적으로
손실이 발생할 수도 있습니다.
그러나 그것을 손실이라고 생각한다면
장투자의 마음가짐이 아닐 겁니다.
인내 후 얻는 열매가
더 소중하게 느껴지는 법입니다.
셀트 종목은 장투자들에게만 큰 수익을 주는
주식입니다.
시총 2위를 올해 달성하나 내년에 달성하나
전혀 중요하지 않습니다.
셀트 종목이 대한민국에서 가장 좋은 주식이라는 게
중요합니다.

장투자 옥석 가리기

셸트에서는 진정한 장투자만이 성공합니다.
그동안 장투자 코스프레 했던 분들도
진정한 장투자로 거듭나는 계기가 됐으면 합니다.
단타와 장투를 병행하시는 분들은
상처 받으실 수 있다는 것을 명심하시기 바랍니다.
지금 우리들은 기구를 타고 하늘로 올라가는 중입니다.
우리의 시선은 어디를 향해 있을까요?
네, 수평선입니다.
고도가 1킬로미터든, 100킬로미터든 상관없이
언제나 수평선에 고정돼 있습니다.
우리는 진정한 장투자이니까요.

새로운 세상엔 새로운 리더

'셸트리온이 만들면 다릅니다.'

이 말이 향후 100년간
한국인들에게 회자될 겁니다.
가자, 글로벌 넘버원!

센테니얼^{centennial} 셀트리온

셀트가 설립된 해가 1991년이라고 하네요.

어쨌거나 셀트는 적어도 100년 동안은

업계에서 군림할 거라 확신합니다.

셀트의 경쟁자는

존슨앤존슨, 화이자, 바이엘 등과 같은 회사가 아닙니다.

셀트의 유일한 경쟁자는

셀트 자신입니다.

우리의 관심사는 역시 주가입니다.

셀트의 10년 후 시가총액은 얼마 정도일까요?

지금의 존슨앤존슨보다 못할 거라 생각하십니까?

셀트는 전인미답의 길을 가고 있습니다.

그래서 섣부른 예측은 하지 않는 게 좋다고 생각합니다.

그저 마음속으로만 조용히 예측하시기 바랍니다.

셀트가 앞으로 보여 줄 것은

무궁무진하다는 것,

그리고 세계를 놀라게 할 기업이라는 겁니다.

이것만 기억하면 됩니다.

제5장

주식 투자의 의미:
주식도 철학이 필요하다

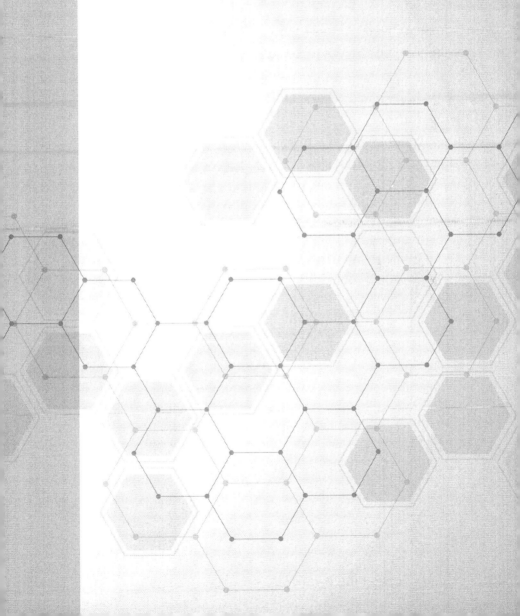

주식 게시판 글 읽을 때 주의사항

저 같은 주식 초보자들은 투자 정보를 얻기 위해 게시판을 많이 이용합니다. 제약 개발 과정에 대한 정보, 재무분석표. 아무리 봐도 솔직히 이해하기 어렵습니다. 그런데 초보자들이 게시판 글을 읽을 때 명심해야 할 게 있습니다.

글 쓰는 사람은 두 가지 부류입니다. 바로 주주와 비非주주입니다. 물론 비주주 중에는 전前 주주도 포함되겠지요. 여기저기 게시판 글을 읽다 보면 개잡주라는 표현이 많이 쓰이더군요. 개잡주란 작전주, 테마주를 가리키는 말인데, 현재 주가가 자기가 산 가격보다 낮아진 주식을 가리키기도 하는 듯합니다.

사실 주가는 아무런 이유 없이 떨어지는 경우도 많은데, 무작정 개잡주라고 하면 회사 측에서 얼마나 서운하겠습니까? 본인이 비싸게 샀다는 생각은 안 하고서 지금 주가가 낮은 것만 탓하는 것이죠.

설사 개잡주라고 생각한다 하더라도, 주주라면 글로써 그런 표현 못 합니다. 그런 글을 쓰는 사람은 처음부터 주주가 아니었거나 이미 주식을 처분한 사람일 겁니다. 초보자들은 이런 사람의 글을 읽을 때 조심해야 합니다. 이런 내용의 글 대부분이 논리는 없고 다분히 감정적이기 때문입니다. 한마디로 아무런 근거 없이 회사를 대놓고 깎아내립니다. 이런 글을 쓰는 사람들은 자기 글에 대해 어떤 책임도 지지 않습니다. 다른 사람들을 위해서 이런 글을 쓴다고요? 이런 글을 자세히 읽을 필요도 없으니 넘어가시기 바랍니다.

그럼 주주들은 어떤 글을 쓸까요? 대체로 긍정적인 내용을 쓰겠죠. 특히 주가가 오르는 날이면 긍정적인 내용이 많이 올라옵니다. 장기 투자를 마음먹은 사람이라도 사람이다 보니 일일 주가변동에 일희일비할 수밖에 없습니다. 주가가 내리면 아무나 붙잡고 위안을 받고 싶습니다. 저만 그런 건가요?

그러니까 주주들도 오르면 기분 좋은 것이고 내리면 기분 안 좋습니다. 그러나 장기적으로 오르리라는 본인의 판단을 믿는 것뿐입니다. 주가가 오를지 내릴지 정확히 예측하는 사람이 어디 있을까요? 게시판에 글 쓰는 사람 중에 투자의 신은 없다는 깃 명심해야 합니다. 물론 워런 버핏도 투자의 신은 아닙니다.

그러므로 초보자들은 셀트를 믿고 그런 판단에 확신이 생기면 투자하셔야 합니다. 저도 셀트에 투자한 지 얼마 안 되었고 금액도 적습니다. 그러나 장기 투자 하기로 마음먹었습니다. 물론 셀트보다 더 유망한 기업이 있다면 언제든지 떠나도 되며 누구도 말리지 않습니다. 셀트 주주 모두 같은 생각을 하리라 생각합니다. 셀트를 믿을 뿐이지 사랑하는 것은 아니니까요.

초보자분들이 경계해야 할 것은 얇은 귀입니다. 절대로 남의 말을 믿어서는 안 됩니다. 초보자분들을 걱정해 준다는 핑계로 날마다 글을 쓰는 사람이 있는데, 과연 그럴까요? 엄밀히 말해서 주식 시장에는 본인 말고는 다 적입니다.

 게시판 글은 참고만 하시고 결정은 본인이 하시고 문제가 생기더라도 본인이 책임을 지셔야 합니다. 성투도 좋지만 즐기세요. 농사짓는 것, 애완동물 키우는 것보다 얼마나 쉽습니까? 알아서 오를 때 오르고 내릴 때 내립니다.

 주식 투자 처음 하는 분들은 『워런 버핏의 주주 서한』을 읽어 보시기 바랍니다. 저도 지금 읽는 중입니다.

마음 비우기

주식 투자를 하시는 분들은 주가를 보지 말고
회사를 보셔야 합니다.
공매도 세력들은 개인 투자자들을 지쳐서 매도하게 하는
전략으로 그동안 먹고살았다고 생각합니다.
이런 진실을 간파하고 이제부터라도
그들에게 이용당하지 말아야 합니다.
따라서 투기가 아닌 투자를 해야 합니다.
단기간에 떼돈을 벌 생각을 버리고 마음을 비워야만 합니다.

투기를 하는 개인들은 절대 세력들을 당할 수 없습니다.

오히려 그들을 지치게 해야만 개인 투자자들이 승리할 수 있습니다.

주가가 내려간다고 실망하지 마십시오.

현재의 주가가 실망스럽다면 다른 곳으로 관심을 돌리시기 바랍니다.

조금 손해가 났다고 손절하는 것이 절대 답이 아닙니다.

한국과 외국이 축구 경기를 할 때 불안해서 시청을 못 하는 사람이 있습니다.

그런 분들이라면 경기 결과만 뉴스를 통해 보십시오.

물론 셀트와 공매도 세력들 간의 경기는 정확히 언제 끝날지 모릅니다.

끝날 때까지 기다릴 수밖에 없습니다.

은퇴할 때쯤엔 떼부자가 된 자신을 상상하면서 말입니다.

주식판은 먼저 지치는 사람이 지는 게임입니다.

3% 넘게 하락하니까 약간 스릴이 느껴지네요.

낙관주의

주식 시장의 주인공은 누굴까요?

증권 거래소장일까요, 증권 회사들일까요?

아님 세력들일까요?

아니면 증권사 객장에 죽치고 있는 사람들일까요?

저는 인내심이 강한 장기 투자자들이 진정

주식 시장의 주인공이라고 생각합니다.

인내심이 강한 사람은

회사의 미래, 미래의 주가, 자신의 미래를 낙관하면서

진득하게 지켜볼 줄 압니다.

역사적으로 볼 때

낙관적인 사람들이 비관적인 사람들에게

항상 승리를 거뒀다는 것은 자명합니다.

공매도의 심리전술

한국에서보다 외국에서 더 유명한 사람이나 기업들은

그 사실이 국내에 알려질 때까지,

심지어 국내에 알려지고 나서도 인정받지 못하는
경우가 있습니다.
아무도 하지 않는 일을 최초로 시도한 사람, 그리고
성공까지 한 사람을 아직까지도 국내에서는
격려하거나 인정해 주지 않는다는 사실이
굉장히 씁쓸하게 하네요.
한국 사람들은 성격이 급해서 냄비근성이라는 말까지
있을 정도입니다.
그리고 귀가 얇은 사람도 꽤 많습니다.
이런 사람들이 참을성이 부족한 경우가 많습니다.
공매도 세력들은 인간의 심리에 대해 전문가입니다.
그들은 그것을 이용하여 많은 돈을 벌고 있습니다.
개인들은 그들의 심리전술에 말려들지 말아야 합니다.
셀트를 믿는 주주들은 다들 그렇겠지만
많은 안티들이 활동하는 것을
셀트의 전망이 그만큼 밝다는 뜻으로 해석합니다.
안티들은 초보 주주들을 타깃으로 삼는 듯합니다.
따라서 초보 주주들은 이들을 조심해야 합니다.
가까운 곳을 보고 있으면 이들 때문에 현기증을
느낄지도 모릅니다.
그러나 셀트 장기 투자자들은 먼 곳을 보고 있습니다.

성공으로 가는 여정 ①

주주 여러분, 목적지까지 가는 것 힘드시죠?

셀트를 버스, 그리고 셀트 주주를 버스에 탄 승객이라고

가정해 보겠습니다.

장기 투자자들은 모두 자리에 앉아 있습니다.

그리고 나중에 들어온 투자자들은 서 있습니다.

서 있는 주주들은 목적지까지 가는 여정이 힘들다고

느낄 수밖에 없습니다.

물론 저도 아직 서 있는 주주입니다.

그런데 셀트 버스는 계속 커지고 있습니다.

커짐에 따라 자리가 계속 늘어나고 있습니다.

곧 나중에 들어온 주주들도 편히 앉아서

목적지까지 갈 수 있게 될 겁니다.

그런데 셀트 버스가 나아가는 길에

드러누워 길을 막고 있는 자들 때문에

속도가 느리네요.

심지어 셀트 버스가 정류장에 서면

위험하게 지붕 위로 올라타는 겁없는

자들도 있네요.

그리고 정류장에 설 때마다 몸집 큰 자들이
수표밖에 없다는 핑계로 차비도 안 내고 타겠다며
운행을 방해하고 있네요.
이런 식으로 탔다 내렸다를 반복적으로 하는
자들도 있네요.
셀트 주주, 특히 서 있는 주주들은 화가 나는 게
당연하지요.
다리 많이 아프시죠?
그래도 셀트 버스는 성공이라는 목적지를 향해
달려가고 있으니 조금만 참아 보자고요.

기회를 잡는 사람

내가 사고 나면 오르고, 내가 팔고 나면 내리고….
만약 주가가 내 맘대로 움직이면 얼마나 재미있을까?
불행하게도, 개인에게는 주가 예측 능력이 없다.
사실 단기 주식 투자에서 작은 수익을 가져다주는 것은
기술이나 정보라기보다는 운이다.
그런데 그런 불확실한 확률에 의존해서
큰돈을 벌기란 사실상 불가능하다.
주식으로 돈을 벌고 싶다면 운을 믿을 것이 아니라,
자신의 모든 역량을 동원해서 최고의 종목을
발굴하는 것이 급선무다.
이것이 첫 번째 기회이다.
그럼 두 번째 기회는 언제 찾아올까?
그것이 나에게 찾아올 때까지 기다려야 한다.
모든 기회는 불시에 찾아온다.
불시에 찾아오니 모든 사람이 붙잡지 못하는 것이다.
모든 사람이 잡을 수 있으면 그건 기회가 아닌 것이다.

주식이 하루도 빠지지 않고 오르거나

주식이 일주일에 3일 오르고 2일 내리면서

내가 원하는 가격대까지 오른다면

모든 사람이 기회를 잡을 수 있을 것이다.

그러나 절대로 기회는 모든 사람을 찾아가지 않는다.

절대로 주가는 한결같지가 않지만

정작 행운의 여신은 한결같은 사람을 좋아한다.

한결같이 한 종목을 보유하는 사람에게

마침내 행운을 안겨다 준다.

바로 이것이 두 번째 기회이다.

감이 익어 홍시가 될 때까지

게시판 안티들은 감나무 밑에 누워서 감이 떨어지기를
하염없이 기다리는 일과 장기 투자를 같은 것이라고 보는
듯합니다.
물론 터무니없는 주장입니다.
그런데 감나무에서 감이 떨어지는 것 다들 보셨을 겁니다.
감은 반드시 익어 홍시가 됩니다.
그러면 자연스럽게 땅으로 떨어지게 돼 있습니다.
단타는 감이 익기도 전에 손으로 따는 일에
비유할 수 있습니다.
그러나 장기 투자자는 절대로 손으로 감을 따지 않습니다.
장기 투자는 달려 있는 감 밑에
주머니를 설치해 놓는 일에 비유할 수 있습니다.
홍시가 된 감은 반드시 저절로 떨어지게 돼 있습니다.
안티들은 장기 투자자들이 하염없이 감만 쳐다보는 줄
아는데 그렇지 않습니다.
일등급 홍시를 얻으려면 벌레나 새가 쪼아먹지 못하도록
감시하는 것도 게을리하면 안 됩니다.
'감이 언제 익어 홍시가 될 줄 알고 지루하게 기다려?'
하는 분들에게 말씀드립니다.

물론 기다림은 지극히 수동적인 일이긴 합니다.

그러나 주식은 재미있어서 하는 것이 아니라

돈을 벌기 위해 하는 것입니다.

어떤 사람은 장투를 하는 것은 자존심이 상하는 일이라고

생각할지도 모릅니다.

그런 사람은 단타를 잘하는 것이

진정한 주식 실력이라고 생각할 겁니다.

물론 저도 단타 하는 사람은

기술이 뛰어난 사람이라는 것 인정합니다.

돈 따는 기술이든 돈 잃는 기술이든 간에 말입니다.

그러나 자존심은 밥을 먹여 주지 않습니다.

자존심 센 사람치고 부자 없습니다.

공포의 실체

사람들은 안정을 좋아합니다.

사람들은 안정이 깨질 것 같으면 공포를 느낍니다.

공포의 실체는 사실 마음속에 자리 잡은

변화 거부증 아닐까요?

셀트 주주라면 마땅히 변화를 환영해야 한다고

생각합니다.

셀트 사업 자체가 변화 아니던가요?

바이오 시밀러는 발상의 전환에서 탄생한 신업종입니다.

셀트는 외부에서 기인하는 변화 속에서

또 다른 기회를 건져 올릴 회사입니다.

셀트에게 변화는 곧 기회를 의미합니다.

물론 전통적 공룡 대기업에게는 변화가 죽음을

의미할 수도 있습니다.

지금 눈앞에 닥친 위기에도 셀트와 여타 기업이

느끼는 바가 분명히 다를 거라 생각합니다.

성공으로 가는 여정 ②

셀트에 승차한 주주들은 하차만 하지 않으면
목적지까지 틀림없이 가실 수 있습니다.
다만 잔파도랄지 턱이랄지
전진을 방해하는 요소가 있다는 것 감안하셔야 합니다.
속도가 느리다 보니 매우 지루하기도 할 겁니다.
예상치 못한 외부의 방해 요소 때문에
급브레이크라도 밟으면 온몸이 휘청거리기도 합니다.
사실 가장 큰 문제는 다리가 아프다는 겁니다.
저도 자리가 생겨 앉아서 가면 좋겠습니다.
우리에겐 항상 내일이 있습니다.
소행성 충돌이 없는 한 우리가 이깁니다.

게시판을 방문하는 이유

장기 투자자라면 매일매일의 주가를
체크할 필요가 없습니다.
한 10년 동안 주가 흐름를 안 지켜봐도 그만입니다.
안티들 말에 현혹되지 않을 자신이 없으신 분은
게시판에 안 들어오시는 게 더 좋습니다.
학창 시절 시험문제를 떠올려 보시기 바랍니다.
헷갈리는 문제는 처음 생각난 것이
정답일 가능성이 높습니다.
다른 것으로 바꾸면 틀릴 가능성이 높습니다.
제가 여기 글을 올리는 이유는
자기 다짐을 하고자 함입니다.
안티들을 공격하기도 하지만 그들과 언쟁하는 것은
어차피 무의미하다는 것 잘 알고 있습니다.
셀트를 음해하는 글이든 찬양하는 글이든
게시판에 올라와 있는 글은
주가에 영향을 미치지 못합니다.
그것은 안티들도 잘 알 겁니다.
그래서 안티들이 하는 말에 열 받을 이유가
하나도 없습니다.

셀트 투자는 즐겨야지 오래갑니다.
변동성이 큰 것도 즐겨야 하고, 박스권에 지루하게
갇혀 있는 것도 즐겨야 합니다.
안티들도 딴에는 자기가 하는 일을
즐기고 있을 겁니다.
즐기지 않으면 뭐든지 오랫동안 하기 어렵습니다.

촉수 엄금

오늘은 상승 마감할 듯하네요.
버티는 자가 승리합니다.
절대로 매도 버튼을 누르지 마시기 바랍니다.
아무것도 하지 않는 것이 가장 좋을 때가 있다는 명언을
떠올리시기 바랍니다.
바로 지금이 그런 때이니까요.

처음 맞는 추석

제가 셀트 주주가 된 후 처음으로 추석을 맞네요.

각자 내일 큰 소원 비시길 바랍니다.

저도 그러겠습니다.

각자 믿는 만큼 이루어질 것입니다.

제가 처음 산 주식은 그 회사를 믿지 않았기 때문에

잠깐 보유했었고 수익도 내지 못했습니다.

그러나 셀트는 믿기에 장기 보유할 생각이며

저에게 큰 수익을 안겨다 줄 것으로 믿습니다.

셀트를 믿는 분은 쭉 가져가시고

안 믿는 분은 얼른 매도하시기 바랍니다.

믿지 않는 주식으로는 수익을 낼 수 없으니까요.

그나저나 내일은 맑을까요?

3가지 신화

우리에게는 세 개의 신화가 있습니다.

첫째, 단군신화.

둘째, 월드컵 4강 신화.

셋째, 셀트리온 신화.

셀트리온 신화는 현재진행형입니다.

셀트리온은 반드시 세계를 놀라게 할 것입니다.

믿음 vs. 믿고 싶음

절이나 교회에 나간다고 모두 신도는 아닙니다.

마찬가지로 주식을 가지고 있다고 모두 주주는 아닙니다.

해당 회사를 믿고 기다릴 줄 아는 사람이 주주입니다.

보이지 않는 본질과 실체를 꿰뚫어 보는 사람만이

주주입니다.

보이지 않는 것을 보지 못한 채

눈에 보이는 주가가 떨어진다고 징징거리는 사람이

과연 주주일까요?

저는 아니라고 생각합니다.

여기 게시판을 떠나지 못하고 맨날 안티 글 올리는 사람들도

같은 부류라고 생각합니다.

우는 애들의 울음을 뚝 그치게 하는 것은 사탕 1개입니다.

"10년 후에 10억 줄게" 하는 말은 절대 안 통합니다.

믿고 싶다는 것은 믿는다는 것과는 다릅니다.

그것은 결국 안 믿는다는 의미입니다.

언론에서는 확실시라는 말을 자주 씁니다.

물론 그것은 확실하지 않다는 의미입니다.

셀트 진성 주주들은 셀트를

믿고 싶어 하는 게 아니라 정말로 믿습니다.

셀트가 10년 후 매출 10조 원을 달성하는 것을
믿는 사람은 비록 그것을 인식하지 못했을 뿐
기정사실이나 다름없습니다.
이미 일어난 일을 인식하는 것은 누구나 합니다.
며칠 전 경주에서 지진이 일어났다고 뉴스에서 보도됐죠.
뉴스를 보고 모든 사람들이 동시에 그것을 인식합니다.
이처럼 주식 시장에서 남들이 인식할 때 같이 인식하는 것은
아무런 기회를 가져다주지 않습니다.
결국 남들이 인식하지 못하는 것을 남보다 먼저
확실하게 믿는 것이 주식 시장에서의 경쟁력입니다.
마지막에 믿는 사람은 돈을 벌지 못합니다.

셀트리온의 가치

어제 주가가 떨어져서 실망하신 분도
계시리라 생각합니다.
그러나 주가가 떨어지는 것은
다시 오르기 위해서라 생각합니다.
셀트의 가치는 보이는 것이 전부가 아닙니다.
수면 위로 드러난 부분은 극히 일부입니다만
거대한 빙산과 마찬가지로
셀트의 가치는 대부분 수면 아래에 잠겨 있습니다.
자, 믿고 기다릴 만하지 않습니까?

셀트리온은 점점 강해지고 있다

그동안 손가락 빨고 있던 떨거지까지 출동한 거 보니
조만간 주가 폭등이 일어날 것 같습니다.
일어날 일은 반드시 일어나고야 맙니다.
그냥 마음 편히 기다리시면 됩니다.
달리는 말의 고삐를 힘껏 쥐고 계셔야 합니다.
떨어지면 다시 올라타지 못하니까요.

주식 투자의 방법

유튜브에서 본 존 리(John Lee)의 주식 강의 요약 내용입니다.

- 평범한 직장인은 절대로 부자가 될 수 없으며 부자가 되기 위해서는 반드시 주식 투자를 해야 하며, 노후 대비를 위해서라도 주식 투자는 필수적이다.
- 부자는 두 가지 유형이 있는데 바로 사업을 하는 사람과 주식 부자이며, 그 둘의 관계는 동업자 관계이다.
- 주식은 절대로 도박이 아니며, 위험을 회피하려고 하면 아무것도 할 수 없다.
- 은행 예금은 절대로 안전하지 않다. 갈수록 화폐가치가 떨어지기 때문이다.
- 주식은 사고 파는 것이 아니라 그냥 사서 모으는 것이다. 장기 투자 수익률이 단기 투자 수익률보다 월등히 높다. 왜냐하면 복리의 마법 때문이다.
- 특별한 이유가 없는 한 주식을 매도하지 말고 자식에게까지 물려주라.

- 한국에서는 사교육비가 많이 들어 부모들이 노후 대비를 제대로 하지 못한다는 조사 결과가 있는데, 사교육은 자식을 망치는 길이며 차라리 그 돈으로 주식을 사서 자식에게 주는 것이 자식을 위한 길이다.
- 돈만 많다고 부자가 아니다. 돈을 잘 쓰는 사람이 부자이다.
- 자식에게 돈은 중요한 것이라는 사실과 돈 잘 쓰는 법을 가르쳐라.
- 부자처럼 보이려고 노력하지 말고 부자가 되려고 노력하라.

인생은 시험의 연속이다

'저를 시험에 들지 말게 하옵소서.'

우리는 이렇게 빌지만 그렇지 않은 것이 현실입니다.

인생은 선택의 연속입니다.

과연 선택은 쉽기만 할까요?

그렇지가 않습니다.

선택의 순간에 많은 고민을 해야 할 때도 있습니다.

선택은 우리를 괴롭히는 것이 사실입니다.

어쩌면 시련과도 같습니다.

그래서 선택은 학창시절의 시험에 비유될 수 있습니다.

이 시험을 통과해야 성공할 수 있습니다.

주가가 5일 연속 하락한 건 분명히 시험입니다.

이 시험을 통과해야 고지로 향하는 길에

들어설 수 있습니다.

그러려면 선택을 잘해야 합니다.

안타깝지만 모든 사람이 고지에 도달하지는 못합니다.

그럼 어떤 사람이 고지에 도달할까요?

시련을 견디는 사람이 되렵니까,

아니면 시련을 견디지 못하는 사람이 되렵니까?

자, 선택은 오로지 여러분의 몫입니다.

추매는 대성을 약속합니다

저는 추매할 돈도 없고 주가가 지지부진해서

기분이 우울하네요.

세력들이 모 제약사에서 재미를 못 보니 다시 셀트에 대한

공매도 공격을 재개한 건가요?

아시다시피 셀트의 가치는 전혀 이상이 없습니다.

그래도 파시고 싶다면 어쩔 수 없지요.

요즘 저도 팔고 싶은 마음이 들 정도이니까요.

하지만 몇 차례의 테러[7]를 당했는데도

결국 셀트는 극복하지 않았습니까?

셀트는 딱히 내릴 이유가 없는데도 내리고 있습니다.

모 제약사와 셀트를 비교해 볼까요.

　　　기술력: 셀트 우세

　　　경영진 청렴도: 셀트 우세

　　　주주 친화도: 셀트 우세

　　　성장 가능성: 셀트 우세

7　해당 기업에 악재가 발생하지 않았는데도 그런 것처럼 보이려고 저지르는 무차별 공매
도를 테러로 표현하였다.

더 얘기할 필요 없지요?

최근의 주가 하락을 보면서 또 한 번 생각하게 됩니다.

개미 투자자들을 위한 시장은 없다는 것을요.

정부는 누구 편일까요?

개인들은 떼돈 벌어도 세금 조금 내면 땡입니다.

별도로 자신들에게 상납하지 않습니다.

당연히 그들은 자신들에게 상납하는 사람들 편을 들지

개인들 편을 들지 않습니다.

그러니 절대로 기대는 하지 않는 것이 좋습니다.

세력들이 주식 시장에서 안정적으로 수입을 챙겨야

그들도 안정적으로 상납을 받거든요.

우리가 할 수 있는 일은 정부가 국민 편을 들 때까지

그들에게 외치는 것뿐이죠.

세상은 저절로 좋아지지 않습니다, 절대로!

돈을 버는 방법

저는 큰돈을 쉽게 버는 방법은 이 세상에 없다고
생각합니다.
사기 당하는 사람들을 보면 쉽게 돈 버는 방법이 있다고
굳게 믿는 사람들입니다.
주식 투자로 돈을 버는 것은 직접 사업을 해서
돈을 버는 것보다는 쉽지만 결코 만만하게 볼 수는
없습니다.
투자한 회사가 지속적으로 성장하지 못하면
마찬가지로 투자자들도 돈을 벌지 못합니다.
따라서 셀트 주주도 서 회장만큼이나
배짱과 끈기가 필요합니다.
배짱과 끈기가 바닥날 때까지
저는 기다리기로 마음먹었습니다.

멀미 ②

요즘 어떤 놈들이 셀트 주가를
들었다 놨다 해서 멀미가 난다는 분이 계시는데….
이거 즐겨야 합니다.
누군가가 말했죠.
죽지 않는다는 보장만 있다면
어떠한 경험도 해 볼 의향이 있다고요.
주가가 오른다는 보장만 있다면야
이 정도 변동성은 견뎌 내야 하지 않을까요?
주가 하락기에는 주주분들의 글이 많이 올라오지
않는 경향이 있습니다.
당연히 저도 쓰고 싶지 않고요.
실망해서라고요?
그럴지도 모릅니다.
근데 실망을 열 번 넘게 하지 않고서는 독개미가
되지 못할 거라 생각합니다.
그런데 독개미 주주분들이 요즘 글을
많이 올리지 않고 있는 것을
모두들 주식을 처분했다는 의미로
해석하는 사람들이 있네요. 나 원 참….

에헤라 디여

동물적 감각을 믿고 매수한 주식의 가격이 예상대로
상승하면 기분이 째지겠지요.
이런 걸 손맛이라고 한다지요?
아무도 하지 않고 아무도 할 생각을 않는 일을
가장 먼저 시작했지만 아무도 도와주지 않아
고생하면서도 불굴의 의지와 불타는 열정으로
차근차근 성공으로 향하는 길을 걸어온 셀트….
이런 기업에 투자함으로써 투자의 정도를 지켜 온
셀트 독개미들….
이들은 가슴이 찢어지고 몸에 사리가 생기는 고통을
겪으면서도 주주이기를 포기하지 않았습니다.
여러분이 진정한 승자입니다!
다음 목표가 있지만 일단 오늘은 입이 귀에 걸리도록
웃어 보자고요!

탐욕의 종류

비트코인 투기자들은 대단히 탐욕스럽습니다.

이 탐욕은 꿈속에 존재합니다.

사람들이 꿈에서 깨어나면 모든 것이 사라집니다.

셀트 장기 투자자들도 탐욕스럽습니다.

그러나 이 탐욕은 현실에 존재합니다.

팩트에 근거한 탐욕이니까요.

둘 중에 어떤 사람이 위험할까요?

두말할 필요 없이 비트코인 투기자들이 위험합니다.

비트코인의 가격은 실체 없는 그림자에 불과하죠.

셀트는 어떤가요?

눈에는 잘 안 보이지만 어마어마한 실체가 있습니다.

매년 전인미답의 역사를 쓸 정도입니다.

기업의 주가는 장기적으로 볼 때

반드시 실체에 수렴하게 돼 있습니다.

일찍이 대한민국에 장기 투자자의 탐욕을 이렇게까지

자극하는 종목이 있었던가요?

셀트는 올라도 올라도 여전히 배가 고픈 종목입니다.

이런 탐욕이 건전하지 않다고 해도 상관없습니다.

그런 비난이 저에게는 질투심으로만 들리네요.

어차피 자본주의라는 것의 기반이 탐욕 아니던가요?

하지만 문제가 되는 것은 모래성 위에 쌓은 탐욕이지요.

셀트 투자자의 탐욕은 실체를 기반으로 하고 있습니다.

본 투 비 독개미

독개미가 뭘까요?
비록 나약한 개미일지언정
날마다 내뿜을 수 있는
강력한 독을 품고 있는 개미입니다.
독개미 여러분, 내일 어떻게 하실 건가요?
생각할 것도 없이
유사시 독을 뿜어 낼
태세를 갖추셔야죠.
내일도 5% 하락할 것 같아서
떨린다고요?
그렇다면
당신은 독개미가 아니니까
팔고 떠나면 됩니다.
단타꾼들에게 고한다.
내일 많이 많이 팔아라.
독개미들이 다 먹어 치울 거다.

이 또한 지나가리라

성장통이 없는 성장은 없습니다.

○○○○ 님 말대로

주주들이 기대를 지나치게 한 게 사실입니다.

수급에 따른 주가 급등 기대감에

도취돼 있었던 게 사실입니다.

공매도 정말 지긋지긋합니다.

'주식으로 성공하려면 믿고 기다려야 한다.'

이 말도 이젠 귀가 아프다고요?

귀에 딱지도 앉고

엉덩이에서 진물도 나오는 경험을 한 사람만이

성공한다는데 어찌하겠습니까?

성공하고 싶습니까?

그러려면 성장통을 겪어야만 합니다.

실망 vs. 최선의 선택

게시판에서 활동하는
안티들의 말을 믿지 말아야 하듯이
게시판에 올라오는 지나친 긍정의 글들을
너무 믿지는 않는 것이 좋을 듯합니다.
너무 믿지 않는다는 것은
당장 실현되지는 않을 가능성이 높다는 것을
감안하라는 의미입니다.
물론 장기적으로 보면
실현될 가능성이 대단히 높습니다.
최근에 수급에 따른 주가 폭등에 대한 글이 많았고
저 또한 기대감이 컸던 게 사실입니다.
기대는 언제나 실망을 불러옵니다.
그것이 세상사 불변의 이치입니다.
지나친 기대는 실망을 가져올 수 있기 때문에
스스로 마인드 컨트롤이 필요한 시점입니다.
수급도 수급이지만
그보다는 실적이 더 중요하니까요.

특히 신규 주주분들은 많이 실망했을 겁니다.

반대 세력들은 주가를 폭락시키기 전에 개인들의 매수를

유도하기 위해 주가를 급등시키곤 하죠.

그것은 정해진 패턴이고

그들의 변치 않는 생존 전략이기도 합니다.

국민의 뜻으로, 또는 법을 개정해 그들의 오랜 습관을

고치겠다는 것은 순진한 생각입니다.

차라리 자본 시장을 없애는 게 빠를 겁니다.

따라서 개인 투자자들이 할 수 있는 최선은

장기적 안목으로 회사의 성장 과정을 주시하면서

주식을 보유하는 것입니다.

심리전이 벌어지는 주식 시장

주식 시장에서 벌어지는 전쟁은 심리전입니다.
전고점에 비해 310,000원이 낮아 보이지요?
사실 현재 주가가 비참하게 보이기까지 합니다.
그러나 불과 6개월 전만 해도 115,500원이었다는
것을 기억합시다.
현재 주가는 그보다 178% 상승한 가격입니다.
전고점 근처에서 매수한 주주들 심한 좌절감을
느끼고 있을 겁니다.
물론 독개미들도 심리적 타격을 입었을 겁니다.
공매도 세력들은 개인들과 심리전을 벌이고 있습니다.
셀트의 적정가는 아무도 모릅니다.
개인적으로 공매도 세력과 작전 세력이 사라진 후의
시장가를 적정가로 보면 되지 않을까 합니다.
따라서 지금은 오로지 시장가만 존재합니다.
그런데 주가 변동성이 낮으면 세력들, 기관들, 개인들
할 것 없이 모두 지루함을 느낍니다.
그래서 정체된 주가는 큰 변동성 장세의 전조입니다.
물론 셀트는 폭락할 이유가 전혀 없는 종목입니다.
주가 변동 상한폭을 왜 크게 만들었을까요?

주식 시장을 도박판으로 만들기 위해서라고 생각합니다.

그러나 주식 시장은 도박판과 똑같지는 않죠.

주식 시장이 도박판인 것은 맞지만 우리에게는

도박을 하지 않을 선택권이 있습니다.

극구 도박을 하시겠다면 굳이 말리지는 않겠습니다.

주식 투자의 목적

주식 투자의 최종 목적은 차익 실현 아닐까요?
자식이나 손자에게 물려준 주식도
물려받은 후손들이 나중에
얼마든지 팔 수 있습니다.
혹시 물려주면서 영원히 팔지 말라고
유언하실 건가요?
회사와 운명을 함께하는 것도 대단히 좋은 거지만….

- 더 좋은 투자처가 나타났을 때
- 큰손들의 횡포에 넌더리가 날 때
- 그냥 주식 투자가 싫어져서

그 외에도 다른 이유로 주식을 팔아서 차익을 챙기는
것이 나쁘다고 생각하지는 않습니다.
장기 투자자들도 결국은 보유한 주식을
팔아야 하는 상황이 올 수도 있습니다.
판 사실을 떠벌리거나, 이제는 주주가 아니라는 이유로
안티 활동을 하지 않는 이상 비난할 이유가 없습니다.

테마섹[8]이 보유 주식 일부를 팔았다면 분명히
이유가 있을 겁니다.

그런데 일반인 눈에는 셀트가 더 이상 전망이 없는
것처럼 비칠 수 있다는 건 문제죠.

악의 세력들이 그 기회를 놓칠 리가 없죠.

아, 테마섹을 옹호할 생각은 전혀 없습니다.

공매도 놈들이 주가의 비정상적인 상승과 하락을
연출할 수 있다면, 그놈들에 의한 주가 폭등과 폭락
모두 주주들이 반길 이유가 없습니다.

셀트 주주들이 주가가 오를 때는 좋아하다가
떨어지니 공매도 탓한다는 안티들의 주장은 틀렸습니다.

최근 6개월 동안의 상승은 비정상적 주가의
정상화로 볼 수밖에는 없기 때문입니다.

비록 초보자이지만
주식 투자를 하는 목적에 대해서
잠시 생각해 보고 몇 자 긁적여 봤습니다.

---

8 테마섹은 셀트리온의 2대 주주인데 2018년 2월 보유한 주식을 일부 매도하여 차익을
   실현하였다.

세력을 이기는 방법

주가 조작 세력들에게 한 방 먹이는 방법은
바로 버티는 것입니다.
주가가 고점 대비 많이 하락했습니다.
그래서 실망하셨다고요?
그것이 바로 그들이 의도한 것입니다.
잘 아시다시피, 그들은 주가 농락을 통해
실망 매물을 값싸게 사는 것이 목표이니까요.
그러니 감정을 죽이고 이성을 따르시기 바랍니다.
혹시 최근 셀트에 입성하신 분들은
셀트가 작전주라고 생각하고서 입성하셨나요?
미안하지만 나가 주세요. 심히 불쾌하니까요.
어쨌거나 실망하신 분들은 조금만 생각을 달리하면
그 실망을 언제든 고점을 깰 수 있다는 희망으로
바꿀 수 있습니다.
그들에게 놀아나지 않는 방법은
인간(99%의 인간) 행동 심리학에 기초한
그들의 시나리오를 꿰뚫고
그것을 보기 좋게 뭉개 버리는 것입니다.
참 쉽죠?

공매도 폐지의 환상

공매도가 사라지면 모든 개인이 돈을 벌까요?

단타꾼이 사라질까요?

주식 투자가 더 재미있어질까요?

더 손쉽게 돈을 벌 수 있을까요?

인내심 따위는 필요 없어질까요?

공매도가 사라져야 하는 것은 맞지만

공매도 폐지가 만병통치약이 아니라는 것은 확실합니다.

공매도 폐지를 원하는 이유가

단지 더 빠른 시일 안에 자신의 목표의 달성뿐이라면,

공매도가 폐지되어도 그 바람이 안 이루어질 가능성이

높다는 것 기억하시기 바랍니다.

10년짜리 복권

10년 후에 추첨하는 복권을 판매한다면
얼마나 팔릴까요?
복권을 구매하는 사람의 성향을 고려한다면
그다지 많이 팔리지 않을 것입니다.
그런데 당첨 확률이 100%라면 얘기는 달라질 겁니다.
그런데 그 복권을 중간에 거래할 수 있게 한다면
10년간 보유하지 않고 중간에 팔 사람 또한 많을 겁니다.
당첨 확률 100%인데도 말입니다.
초스피드 시대에 아무래도 10년은 너무 긴 시간이겠죠?
하지만 셀트를 보유하신 분들은
오늘로부터 정확히 10년 후를 바라보십시오.
각자가 생각하는 가격이 그려질 겁니다.
확실하게 그려지는 분들도 계실 것이고
다소 불확실하게 그려지는 분들도 계실 겁니다.
각자 믿을 만큼만 믿으시기 바랍니다.
셀트는 교단이 아니므로
무조건 믿으라고 강요하지 않습니다.
그 믿음의 강도에 따라 전혀 안 흔들릴 수도
조금은 흔들릴 수도 있습니다.

정 마음이 흔들린다면 주주 자격을 포기하셔도 됩니다.

그러나 그럴 마음이 없다면 마음을 다스려야 합니다.

주가가 많이 내린 것이 사실이지만,

주가가 내려도 너무 내렸다고 생각하기 전에

너무 급등했던 것은 아닌지 한 번쯤 의심해 보는 게

좋을 듯합니다.

혹시 자신이 1년 12달 내내 주가가 오르기를 바라는

사람이 아닌지 의심도 해 보시고요.

'셀트는 무조건 장투'라는 말에 신물이 나는 분들도

계실 줄 압니다.

그러나 정부에서도 공매도 폐지를 쉽게 결정하지는

못할 겁니다.

공매도 폐지 공약이 선거 결과에 결정적인 영향을

미친다고 그들이 생각하기 전에는요.

사실 공매도 폐지보다는

개인들이 단기 투자를 안 하는 것이 먼저입니다.

단기 투자를 하는 개인들이 사라지면 자연스럽게

공매도도 사라질 것이기 때문입니다.

법으로 공매도를 금지한다고 해서 공매도가 완전히

사라질 거라고 저는 믿지 않습니다.

주저리주저리 떠들어 봤습니다.

어쨌든 돈을 버는 것도 잃는 것도
각자의 책임이라는 건 변하지 않습니다.
개인들의 적정 수익을 보장해 줄 정부가 들어서는 것은
기대하지 않는 것이 좋습니다.
모두 성투하시기 바랍니다.

장기 투자 vs. 무버

어떤 주식이든 사 놓고 버티면
돈을 번다고 생각하십니까?
버티면 무조건 승리하는 주식은
셀트리온 그룹주[9] 말고는
사실상 없다고 생각합니다.
주식 시장에 무버(무모한 버티기)를 하고 있는 사람들이
많은 듯합니다.
주식 투자 성공의 8할은 좋은 종목 선택입니다.

---

9 셀트리온홀딩스(비상장 지주회사)가 지배하고 있는 셀트리온, 셀트리온헬스케어, 셀트
   리온제약을 말한다.

투자 수익률의 척도

주식 투자 수익률은 지루함을 참는 대가입니다.
열 받은 것 참는 게 힘들까요, 지루한 것 참는 게
힘들까요?
지루한 것 참는 게 더 힘들다고 생각합니다.
조급증이라는 것은 지루함을 못 참는 것에서 비롯되죠.
이제 저는 게시판에서 안티들이 창궐해도
화가 안 납니다.
지루함을 달래 주는 심심풀이 땅콩 정도로 여겨집니다.

탐욕 조절 장애

탐욕 조절 장애는
분노 조절 장애보다
무서운 질병이다.
B 기업 주주들 모두 중환자들이다.
조속히 가까운 병원 문을 두드리기 바란다.

제6장

주가와 기업 가치는
개와 개 주인의 관계

옥석 가리기 장세 ①

주가는 알 수도 없고 믿을 수도 없습니다.
따라서 셀트에 투자했거나 투자를 생각하는 분들은
셀트라는 회사를 믿으면 됩니다.
자신의 판단을 믿으시고,
다른 사람의 말에 흔들리지 않으신다면,
틀림없이 좋은 결과가 있을 겁니다.
오늘 다른 주요 제약사보다 셀트 주가가 적게
떨어진 것 확인하셨죠?

단타꾼들은 가라

장기 투자 하지 않으실 분들은
오늘 모두 팔아 주시면 대단히 감사하겠습니다.
오늘 바닥을 보고 싶네요.

지저분한 게시판

오늘도 10만 원 고지 점령은 힘들어 보입니다.
그렇다고 영원히 점령을 못 하겠습니까?
10만 원, 20만 원, 30만 원 순으로 차근차근
점령해 나갈 것입니다.
언제 점령하느냐는 그리 중요하지 않습니다.
확실한 것은 언젠가 반드시 그 고지들을
점령할 거라는 겁니다.
셀트 주주들은 모두 그렇게 알고 있습니다.
오늘 장이 마감되면 각자 한 걸음씩
목표에 다가간 게 됩니다.
어제보다 주가가 떨어졌다 할지라도
하루를 허비한 게 절대 아닙니다.
개와 주인이 산책할 때 개가 주인의 걸음을
방해할 때도 있습니다.
그러나 목줄이 팽팽해지면 어쩔 수 없이
주인에게 끌려오게 돼 있습니다.
공매 세력의 안티들이 게시판에 아무리
똥오줌 갈기면서 셀트의 행진을 방해해도
잠시뿐입니다.
주주 여러분, 화이팅입니다!

적정 주가에 관하여

적정 주가는 존재하는가?

적정 주가란 것이 있다면

적어도 5년이나 10년 후

미래의 주가를 예측한 것일 것이다.

그야말로 이론상으로만 존재하는 주가일 뿐이다.

개개인들에게는 적정 주가라는 것이 있을지도 모른다.

처음 자기가 산 가격보다 무조건 높은 가격이

적정 주가 아닐까?

주주도 아니면서 현재의 주가가 높다고 주장하며

적정 주가를 들먹이는 안티들은 100% 사기꾼이다.

제대로 된 주식 전문가라면

시장에서 결정된 현재의 주가를 인정하고

향후의 주가 흐름을 아주 조심스럽게 예측할 것이다.

현재의 주가에 심한 거품이 끼었다며

시장에서 형성된 주가를 부정하는 일방적인 발언은

무당이 굿을 해서 미래를 바꿀 수 있다고

주장하는 것과 같다.

10만 원 안착

1월 13일 10만 원 종가 돌파한 후 6개월이 훌쩍 지났네요.
사실상 오늘 10만 원 안착이라고 봐도 될 듯합니다.
이제 다음 목표를 바라봐야 할 시점이라 생각합니다.
저는 올해 20만 원 돌파할 거라 생각하지는 않습니다만,
(그건 아무도 모르죠)
20만 원 돌파가 머지않았다는 것이 중요합니다.
그리고 20만 원 안착은 10만 원 안착보다 쉽게
이루어지리라 기대하고 있습니다.

8월 8일

중국인들은 숫자 8을 좋아한다고 하죠.
오늘은 8월 8일입니다.
요즘 참 무더웠다고 하는데
셀트 넉분에 더운 줄도 몰랐습니다.
피서 갔다 온 것보다 더 기분이 좋네요.
오늘 셀트가 도약의 발판을 마련한 것 같네요.
모두 화이팅입니다.

심장 약하신 분께[10]

우황청심환 하나씩 잡숫고 관람하세요.

셀트리온의 저력

셀트에 대한 6월 24일 무차별 테러 이후
정확히 두 달 만에 2만 원이 상승했습니다.
셀트의 저력이 놀랍지 않습니까?
한 달 후인 9월 24일 주가는 어디에 가 있을까요?
상상만 해도 즐겁습니다.
물론 어디에선지 곡소리도 들리는 듯하네요.
물론 두 달 전에 곡소리를 내신 주주분도 일부 계시겠지만
셀트는 주주들을 배반하지 않았습니다.
이젠 믿으십시오.
종교라고 생각하셔도 좋습니다.
안티들이 광신도라고 부르든지 말든지….
절대로 셀트는 금품을 요구하지 않습니다.
안티들이 뒤에서 불러도 뒤돌아보지 마십시오.

---

10   2016년 8월 10일 셀트리온 주가가 5% 넘게 상승하는 것을 보고 쓴 글이다.

악마가 뒤에서 불러도 뒤돌아보지 말라는 옛날 얘기

어렸을 때 많이 들어 보셨죠?

가치가 없는 외침은 그냥 소음일 뿐입니다.

귀마개를 하시는 것도 좋은 방법입니다.

주가와 기업 가치

주가가 곧 기업 가치일까요? 그렇지 않습니다.

주가는 기업 가치의 그림자일 뿐입니다.

태양의 위치에 따라 그림자의 길이는 달라집니다.

기업의 가치란 건 눈에는 안 보이기 때문에

개인들은 기업 가치의 그림자인

주가에만 집중하는 경향이 있지요.

저번에도 말씀드렸지만

기업 가치는 투명 망토를 입고 있으니까요.

그러나 투자자라면 그림자 말고 투명 망토 속에

가려진 기업의 실체를 볼 줄 아셔야 합니다.

셀트리온은 한 방이다

셀트 주가 흐름을 보면 한 방에 상승했다가
며칠 동안 찔끔찔끔 흘러내리는 모양새입니다.
물론 이런 일 한두 번 겪은 게 아니죠.
그 한 방이 바로 주식 투자의 묘미인 셈이죠.
시원한 사이다 같은 그 한 방 기다리는 거
아무도 대신 해 주지 않습니다.
시원한 사이다는 지루한 기다림에 대한 대가이거든요.

안티들의 걱정

안티들이 주가 걱정을 많이 하고 있는데
이제 11만 원 아래로 떨어질 일은 없을 거라 생각합니다.
6월 말, 7월 말, 8월 말의 주가는
각각 96,100원, 104,100원, 106,800원이었습니다.
완연한 상승세를 타고 있습니다.
그런데 희한하게도 기대를 하면 항상 실망하게 되더군요.
그게 인생인가 봅니다.
마음을 비우고 있으면
주가는 제자리에 가 있을 겁니다.

세계 10대 제약사의 꿈

세계 10대 제약사가 될 한국 유일의 후보 셀트!

오늘은 제약 업종이 초토화됐습니다.

초토화된 땅에서도 풀은 자라납니다.

생명력이 아주 강하기 때문입니다.

셀트는 수많은 어려움을 이겨 내고

내성을 완벽하게 키웠기 때문에

앞으로 어떤 시련도 이겨 낼 것입니다.

이제 셀트 혼자 힘차게 달려 나갈 시간이 왔습니다.

이번 주 하락은 참으로 드라마틱했습니다.

이 맛에 주식 하지요.

이 또한 액땜이라고 생각합니다.

공매도의 무차별 공격에도 겨우 1.48퍼센트 하락….

이제 정말 상승할 일만 남았네요.

셀트의 독주 누가 막으랴?

안티들아, 한번 막아 봐라.

이유 있는 상승

5일간 이유 없이 하락한 것은 분명
셀트에게는 약이 될 것입니다.
셀트가 10월 첫날 힘차게 출발했습니다.
오늘 상승은 분명 이유가 있습니다.
그리고 의미도 있습니다.
연패(연속 하락)를 끊었기 때문입니다.
셀트에는 확실한 에이스가 있습니다.
바로 램시마입니다.
오늘 램시마가 선발 등반하여 팀의 6연패를 저지하는
스토퍼의 역할을 제대로 수행하였습니다.
셀트에는 에이스 램시마만 있는 것이 아닙니다.
유망주가 가득합니다.
셀트는 누구처럼 유망주를 다른 팀으로 트레이드하지도
않습니다.
한국 팀 최초로 월드시리즈 우승을 노리는 셀트….
한번 믿어 보지 않으시렵니까?
안 믿는 분들은 게시판 입장 불가입니다.
오늘부터 5거래일 연속 상승을 예측하는 것은
너무 설레발치는 것일까요?

주가 폭발의 신호탄

지난 9개월간 주가가 횡보한 것

그것은 주가폭발의 신호탄입니다.

국화꽃이 피는 가을을 오게 하기 위해서

소쩍새는 봄부터 울었습니다.

괜히 그런 것이 아닙니다.

모든 것에는 준비 기간이 필요합니다.

주가 조정 기간은 폭발적 상승을 위한 준비 기간입니다.

남은 주말 즐겁게 보내시기 바랍니다.

52주 최고와 최저

같은 날 52주 최고 주가 기록과
52주 최저 기록이 동시에 세워졌다.[11]
업계 최고의 회사가 52주 최고 기록을 세우고
껍데기뿐인 경쟁 회사가 52주 최저 기록을 세웠다면
기분 좋아서 소고기 사 먹었을 것이고
기분 더러운 상태로 글 쓰지도 않았을 것이다.
그러나 정말로 희망이 없어서
이 땅을 뜨기 전까진
희망의 지푸라기를 손에서 놓지 않을 것이다.
셀트에 대한 믿음도 변치 않을 것이고
서정진 회장에 대한 믿음도 마찬가지일 것이다.

---

11 셀트리온이 52주 최저 주가를 기록한 날에 셀트리온의 경쟁사라고 부르기도 민망한 B
    기업이 52주 최고 주가를 기록하였다.

비정상의 정상화

전직 대통령의 탄핵 이후 정상적인 기업의 비정상적인
주가가 정상화되었다. 셀트 빼고 대부분….
B 기업은 어차피 정상적인 기업이 아니므로 논외다.
이 회사의 주가는 여전히 비정상적으로 상승하고 있다.
정상적인 기업 셀트의 주가는 탄핵 이후 더더욱
하락하였다.
마치 정상적인 세상으로 돌아가는 것을
비웃기라도 하듯이 말이다.
나는 서 회장을 믿고서 셀트에 투자를 했지만
지금은 서 회장을 믿지 않는다.
서 회장이 변했다는 생각이 들지만 어차피 사람은 100%
신뢰하지 못하는 존재이기에 실망하지는 않는다.
중요한 것은 셀트의 가치이다.
셀트의 가치는 변함없고 앞으로도 그러할 것이기
때문에 투자를 계속할 생각이다.

대단한 셀트리온

오늘 종가 20만 원 달성하면 앞으로도 종가 기준 20만 원
아래로 떨어지지 않을 거란 확신이 드네요.
사실 예전부터 그렇게 생각해 왔습니다
정말로 고지가 코앞이네요.

주주 vs. 주주

지금 셀트 주주들은 미래를 보고 있고요.
B 기업 주주들은 신기루를 보고 있습니다.
셀트의 주가는 당연히 기업 가치를 반영하고 있지만,
B 기업의 주가는 물 먹은 주가입니다.

그녀를 만나는 곳 100미터 전

지난주에 단기 저점이 한 205,000원 정도 아닐까

생각을 했는데요.

오늘 종가 보니 어느 정도 맞아 들어가는 듯하네요.

아님 말고….

공매도 세력을 뭐에 비유할까요?

100겹짜리 투명유리에 비유하면 어떨까요.

그들은 절대 셀트의 미래를 가리지 못합니다.

눈앞에 아무리 두꺼운 투명유리를 갖다 놓아도

우리 시선은 투명유리 너머 높은 고지에 꽂혀 있습니다.

이제 100미터만 전진하면 됩니다.

느끼기에 따라 길 수도 짧을 수도 있습니다.

해머를 이용하면 손쉽게 유리를 깨뜨릴 수 있지만

깨진 유리 조각에 발을 베일 수 있으니

독개미의 강력한 독으로 녹이면서

천천히 전진합시다.

옥석 가리기 장세 ②

당분간 옥석 가리기 장세가 연출될 듯하네요.

그동안 아무 주식이나 너무 오른 게 사실이거든요.

일단 모든 종목 떨어뜨리고 나서

셀트 같은 좋은 종목은 끌어올릴 듯싶네요.

물론 올라갈 종목은 셀트 말고는 없을 듯하네요.

다음 주부터 셀트 주가가 수직 상승을 할 것으로

기대해 봅니다.

일희일희

일희일비의 말 속에는 주가가 하루 상승하고

하루 하락한다는 의미가 담긴 듯하네요.

올해 셀트가 상승한 날을 세어 봤네요.

상승한 날은 108일이었습니다.

그러니까 상승한 날보다 하락한 날이 더 많은 거죠.

하지만 주가는 107,400원에서 197,300원으로 대폭

상승했습니다.

따라서 셀트처럼 좋은 종목 가진 주주들은
일희일비하지 말고 일희일회하세요.
떨어지는 날도 무조건 웃으라는 얘기입니다.
주가가 전고점이었을 때 팔았어야 하는 건데 하시면서
땅을 치면서 후회하고 계시나요?
전고점인 129,000원을 깨기까지 무려 1년 7개월을
기다린 셀트 장기 투자자들은 모두 보상받았다는
것을 명심하시기 바랍니다.
모든 기록은 깨지기 위해 존재합니다.
전고점 129,000원이 깨졌을 때 솔직히
저는 눈물이 다 나더군요.
지금으로부터 약 3년 후 추가 매수 계획이 있기에
주가가 많이 오르지 않기를 바라는 마음도 있습니다.
그러나 공매도가 폐지되어야 한다는 생각에는
변함이 없습니다.
정상적 방법으로 수익을 얻는 금융시장이 존재하는
정상적인 국가에서 살고 싶기 때문입니다.

주식은 수량이 최고

오늘[12] 벤츠 S600 1대 값만큼 수익을 낸
주주분도 계시겠네요.
아, 부럽네요.

언제까지 상승만 할 수는 없다

포스트시즌 진출하는 팀이
연승을 많이 할까요?
아닙니다.
모든 3연전을 2승 1패로
가져가면 반드시
포스트 시즌에 진출합니다.
주가가 연속 상승하면
기분 좋아지는 건 사실입니다.
그러나 항상 상승할 수는 없는 게
이 바닥의 리얼 진실입니다.

---

12   2018년 1월 3일 셀트리온 주가가 무려 9.2% 상승하였다.

이제 모두 현실로 돌아옵시다.

사실 그동안 비행기 탄 기분이었습니다.

한 이닝에 10득점한 기분이랄까….

앞으로 한 이닝에 1점씩 차곡차곡 쌓아갑시다.

어차피 셀트의 가치를 믿고 투자한 거잖아요.

내일부터 3일 연속, 5일 연속

상한가 가면 팔 건가요?

저는 안 팝니다.

최소 10년은 보유할 겁니다!

독개미들을 위한 세일 ①

자, 오늘이 셀트 마지막 세일입니다.

얼른얼른 주워 담으세요.

선착순 500분입니다.

단타쟁이들은 저리 가라.

당신들한테는 절대 안 판다.

독개미들을 위한 세일 ②

난 추매할 돈이 없지만
독개미 중에 추매할 사람 많아.
섬마 오늘 실망한 독개미는 없겠지
주가를 갑자기 추켜올렸다가
인정사정없이 내리치는 거 말이다.
큰손들의 전형적이며 야비한 수법이라는 거
초보자인 나도 아는 사실이다.
내가 독개미인지 아닌지는
잘 모르지만
이 정도 하락에 실망했다면
독개미가 아니라 단타꾼에 가깝다.
그럼 독개미라면
어떻게 반응해야 하나?
바로 '분노'이다.
대한민국 주식 시장은 이미
외국인 돈놀이꾼들에게 약속의 땅이 된 지 오래다.

오늘도 30만 원?

그래 바닥 확실히 다지자.
셀트라면
한 방에 10만 원 날아가는 거 우습다.
절대로 명퇴하지 말고
엉덩이에서 진물 날 때까지
버티자!

불꽃쇼

주식 투자의 묘미는 불꽃쇼 보는 것이지요.
다들 안 그런가요?
한 달을 떨어뜨려 봐라.
복구는 한 방이다.

내 마음대로 안 되는 주가

주가의 단기적 흐름은
언제나 개인들의 생각과 정반대입니다.
장기 투자 하고 싶어서 하는 사람은 없습니다.
장기 투자 할 수밖에 없기 때문에 하는 겁니다.
엉덩이에서 진물이 나도 버텨야 하는 겁니다.
안티들이 무슨 소리를 해도 말입니다.

신규 주주 및 매수를 망설이는 분들께

고통 없이 열매를 맛볼 방법이 있을까요?
그 방법을 알면 누가 고통을 겪으려고 할까요?
그래서 고통을 자진해서 겪는 겁니다.
셀트 주주들은 모두 사서 고생하는 겁니다.
물론 확실한 내일이 있기 때문이죠.
네, 인정합니다.
39만 원 갔던 주식이 한 달 만에
25만 원으로 추락하는 거

우간다보다 못한 한국에서나 가능한 현상입니다.

한마디로 심장 쫄깃한 경험이죠.

그러나 확실한 미래가 있으니

이런 것도 훗날 이야기할 아련한 추억으로 변할 겁니다.

추억 없는 인생이 빈 깡통이듯이

추억 없는 주식 투자도 속 빈 강정이죠.

돈이 전부는 아니니까요.

훗날 흥미진진한 무용담의 팥소와도 같은 소재가

될 거라 믿어 의심치 않습니다.

얘기하다 보니 별 알맹이가 없네요.

새로운 주주 여러분, 언제까지나 우리 함께해요.

망설이는 분께는

고생은 사서 할 때 그 의미가 크다는 말씀을 드립니다.

주가 퀀텀 점프[13] 하루 전날 용케 매수할 생각인가요?

참 꿈도 야무지네요.

---

13 주가가 한 단계 도약하는 것을 말한다.

세력들이 주무르는 주가

주가가 오르는 날보다
내리는 날이 많은 이유는
세력들이 열매를 독식하기 위해서입니다.
주가 조정이 길어질수록
세력들이 독식할 기회는 많아집니다.
너무도 당연한 거지만
주가 조정은 상승하기 위한 겁니다.
언젠가는 주가가 제자리를 찾아가니까요.
물론 모든 것은 세력들 마음이지요.
어떻게 보면
주가가 있어야 할 자리에 있는 것은
잠시 잠깐뿐이라는 생각도 드네요.
세력들이 돈 버는 방법은
단기적으로 별 볼 일 없는 종목의 주가를 폭발시킨 후
털면서 버는 방법이 있고요.
이런 게 작전주….
장기적으로 셀트 같은 가치주의 주가를 누르면서
(이런 전략이 개인들에게는 기업의 가치를 가리는
투명 망토의 역할을 함)

개인들의 매물을 매수하여 버는 방법이 있지요.

물론 공매도라는 합법의 탈을 쓴 불법적인 방법 덕분이죠.

두말하면 잔소리이지만,

개인들이 셀트 종목으로 돈 버는 방법은

첫째도, 둘째도, 셋째도 버티기입니다.

적정 주가, 참으로 애매한 말이죠.

어쨌거나 적정 주가는 세력들이 결정하는 것이죠.

개인들이 정하는 건 결코 아닙니다.

모두 성투하시기를!

거품의 정의

세력들이 의도적으로 꾸준히 매집하여
주가를 최대한 끌어올렸을 때가
거품이 낀 상태이지요.
거품이 끼는 주식은 대부분 작전주입니다.
우량한 주식은 거품이 끼지 않습니다.
일상적으로 일어나는 수급의 변화에 따른
정상적인 주가 흐름 속에서는 거품은 존재하지 않습니다.
어쨌든 거품은 주가가 폭락 직전이라는 것을 암시하지요.
셀트를 한번 볼까요.
셀트 주가가 거품이라는 주장이 끊임없이
나오는 것은 역정보입니다.
셀트 종목은 수년간 공매도 거래율 1위를 기록해 왔죠.
당연히 거품이 끼려야 낄 수 없는 종목입니다.
역정보를 흘리는 놈들은 셀트를 몹시 사고 싶어 합니다.
만약 개인들이 셀트를 투매하기 시작하면
기다렸다는 듯이 거품이 빠진다는 뉴스를 보도하겠죠.
세력들은 주가를 공매도를 통해 직접 폭락시키기도 하고
역정보를 흘려 폭락을 유도하기도 합니다.
뭐가 됐든 그것은 그들에게 유리하게 작용합니다.
셀트 종목에 거품이 많이 끼었다는 것의 숨은 의미는
개인 투자자 비율이 높다는 것입니다.

바닥 다지기

바닥을
다지고,
또 다지고,
또 또 다지고….
그래서
아스팔트보다 더 단단해졌다.
이제 상승할 일밖에 없다.
가짜 주식이 113조 원어치 발행됐다고?
그 수치는 올해 말 셀트의 시총을 암시한 거라 믿는다.

금융 적폐와 셀트리온

아무리 공매도를 쳐대도
아무리 가짜 주식을 찍어내도
셀트의 펀더멘털을 깎아내리지는 못합니다.
오히려 그놈들이 그럴수록
셀트의 펀더멘털은 더욱 굳건해지고 있습니다.
그런데도 금융 적폐를 핑계로
셀트 투자를 못 해 먹겠다는 건
참으로 어리석은 생각입니다.
진실이 거짓을 이긴다는 확신이 없다면
그것은 진정한 삶이 아닙니다.
실상 살아야 할 이유도 가치도 없습니다.
진실이 거짓을 이기는 것은 이미
역사가 증명한 바입니다.
더 이상 공매도 세력 따위를 두려워할 이유가 없습니다.
금융 적폐는 반드시 청산해야 합니다.
하지만 그렇게 되지 않더라도
암울한 대한민국 주식 시장에서
셀트는 더욱 환하게 빛을 발할 것입니다.

우리 조상들은

빼앗긴 들에서조차 희망을 버리지 않았습니다.

적폐 청산이 불가능하다고 생각하나요?

저는 그렇게 생각하지 않습니다.

셀트 주주 여러분, 정상에서 만납시다!

제7장

브렉시트에 즈음하여

공포에 사라

월요일에는 하한가 갈지도 모른다는 생각이 드나요?

그렇다면 오늘이 살 때입니다.

수행성이 지구와 충돌하기 않는 한

반드시 월요일엔 오릅니다.

브렉시트가 일어나면 영국 사람들이 달나라로 모조리

이민 가나요?

램시마 수출 못 하나요?

그딴 걸 빌미로 이용하고 또 그게 통하는 게 주식판입니다.

참 재미있네요.

이 맛에 주식 하지요.

이 세상에 주식 없으면 무슨 재미로….

9·11 테러[14]

오늘 종가는 91,100원이네요.

오늘은 셀트가 9·11 테러를 당한 날입니다.

다들 잊지 맙시다.

지금으로부터 정확히 10년 후의 주가는

911달러로 증가해 있을 겁니다.

편안한 밤 되십시오.

---

14 2016년 6월 24일 셀트리온 주가가 단지 브렉시트 여파로 4.2% 하락한 것을 테러로 표
    현하였다.

생존 본능

오스트랄로피테쿠스 출현 이후 200만 년 동안
인류에게는 숱한 위기가 찾아왔을 겁니다.
문자가 발명되기 전에 나타났던 위기는
우리가 전혀 알지 못합니다.
상상치도 못할 위기가 있지 않았을까요?
200만 년 동안의 위기를 극복하게 해 준 힘은
바로 생존 본능일 겁니다.
생존 본능을 다른 말로 하면
저는 희망이라고 생각합니다.
죽은 사람은 죽은 사람이고
산 사람은 살아야 한다는 희망이죠.
사람이 눈물을 흘리는 이유는 슬퍼서이기도 하지만
잊기 위해서입니다.
달리 망각의 동물이라고 하는 게 아닙니다.
만약 영국에 작은 소행성이 떨어지거나,
(가능성이 너무 낮은가요?)

영국 지역에 초대형 싱크홀이 발생해

영국이라는 나라가 아예 소멸한다면 어떻게 될까요?

그래도 거대한 역사의 수레바퀴는 돌아갈 겁니다.

그렇게 돼도 산 사람은 살게 돼 있습니다.

살아야 할 이유를 만들어서라도 말입니다.

브렉시트는 아무것도 아닙니다.

이 또한 지나갈 겁니다.

쓰나미가 두렵지 않은 셀트리온

그래 쓰나미가 한국을 덮칠지도 모른다.

한국 주식 시장이 초토화될지도 모르지.

셀트 빼고 전부 다

셀트는 이미 승천용 동아줄을 잡고서

수직상승 하기 직전이다.

쓰나미 덤벼라.

모든 위기는 기회

위기를 통해서 옥석이 가려질 것입니다.
셀트가 옥이라고 생각하시면 보유하시고
돌이라고 생각하시면 던지십시오.
아주 간단합니다.
그러나 후회는 하지 마십시오.

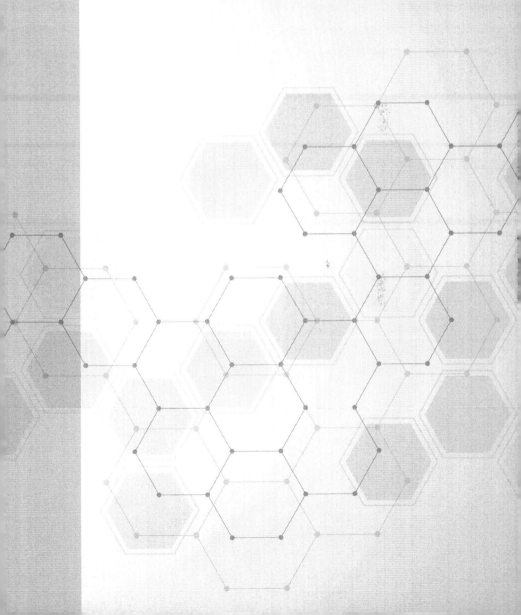

제8장

셀트리온 코스피 이전 상장에
즈음하여

서 회장께 ①

서 회장님,
경영권을 누구에게 물려줄 건지 결정하셨나요?
자식에게 사업을 물려주실 거면 더더욱
자식에게 모범을 보여 주시기 바랍니다.
평소에 본인이 말씀하신 것이 진실이라는 것과
주주를 섬기는 경영이 어떤 건지 몸소 실천해 주세요.[15]

화장실 들어갈 때와 나올 때

사람의 마음은 참으로 간사하다고 합니다.
화장실에서 시원하게 장을 비우고 나오면
다시는 화장실 갈 일이 없을 것 같은 생각이 드는 것은
인지상정이니까요.
셀트 주주들이 참다 참다 서 회장에게
한마디 할지 모릅니다.
회장님, 시원하시겠습니다!

---

15 서정진 회장은 평소에 주주들에게 항상 감사한 마음을 가지고 있으며, 특히 개인 주주
들이 든든한 회사의 버팀목이라고 말했다. 따라서 대다수 개인 주주들이 원하는 코스
피 이전을 서 회장도 반대할 이유가 없을 것으로 판단했다. 하지만 무슨 이유에서인지
서 회장이 주주의 뜻을 따르지 않았다. 이에 소액 주주들은 코스피 이전 의결을 안건으
로 하는 임시 주주총회 소집을 요구하였다.

서 회장께 ②

시가 총액 기준으로 셀트가 한국 최고 기업이 되기를
간절히 바라지만,
그 목적을 달성히기 위해 혹시 지금까지 그 기업이
저질렀던 악행을 벤치마킹하고 있나요?
그건 아니라고 봅니다.
주주들은 굳이 그런 방법까지 동원하기를
바라지 않는다고 저는 믿습니다.
정도 경영을 통해서 셀트 신화를
완성해 주기 바랍니다.

의리 vs. 의리

지금 양상이 겉으로는
코스닥에 대한 의리 vs. 개인 주주들에 대한 의리
대결 구도로 가는 듯하네요.
서 회장님!
흡사 당신이 김보성이라도 된다는 얘기인가요?
의리 참 좋습니다.
그러나 지금 그것보다도 더 중요한 것은
당신의 본업에 집중하는 것입니다.
당신이 초심을 잃었다는 거 이젠 모든 사람이 다
압니다.
당신의 본업이 제약인가요, 아님
화장품, 엔터테인먼트인가요?
아님 정말로 안티들 말대로 주식 장사인가요?
코스닥에 대한 의리 하니까 떠오르는 게
코스닥 우회상장을 얘기하는 듯한데요.
상장 이후 도대체 코스닥 측에서 셀트를 위해
해 준 게 뭐가 있죠?
불법적 무차별 공매도를 막아 줬나요,
연기금 투자 유치를 도와줬나요?
의리파 형님, 한번 대답해 보시죠.

변화의 쓰나미를 만들어 냅시다

코스피 이전은 커다란 변화의 시작일 뿐입니다.

셀트 주주 운동이 그저 잔파도라고 생각하는 사람이

있다면 그건 오해입니다!

비정상적인 2명의 후보가 연이어 대통령에 당선되고서

'이게 나라냐?'가 국민 유행어가 되었습니다.

이제 어떻게 해야 할까요?

나라다운 나라를 만들기 위해 힘을 모아야 합니다.

기회가 왔을 때 강력하게 실행해야 합니다.

용서라고요?

온 국민의 공분을 신 사람들을 섣불리 용서해서는

절대 안 됩니다.

반드시 처단해야 역사가 되풀이되지 않습니다.

그럼 주식 시장의 정상화는 무엇일까요?

주식 시장의 정상화는 바로 공매도 폐지입니다.

셀트의 코스피 이전은 시작일 뿐입니다.

기회균등의 원칙이 지켜지는 자본 시장을 만듭시다.

무임승차에 대하여

한국 사람들은 무임승차에 능숙한 듯합니다.
한국 현대사를 돌이켜 보면
늘 대학생들이 민주주의의 수호자였습니다.
그때 어른들은 뭐 했죠?
네, 무임승차했었죠.
데모하는 대학생들을 비난하면서….
한국 사람들의 머릿속엔 싸움이나 투쟁은 어린이들이나
하는 행위라는 생각이 자리 잡고 있습니다.
정부 권력에 도전하는 행위를
치기 어린 행동이라고 간주해 버리곤 합니다.
이번 코스피 이전 요구를 위한 주주 운동에서는
이런 일이 벌어지지 않았으면 좋겠습니다.
대주주(권위자)에게 도전하는 것은
어른스럽고 현명한 행동이 못 된다는 핑계를 대면서
주주의 권리를 내팽개치는 행동을 하지 맙시다.
무임승차는 어떤 책임도 지지 않고,
어떤 희생도 치르지 않고, 다른 사람이 이루어 낸 결과물을
공짜로 누리는 것을 의미합니다.
주주 여러분, 이제 결정하시죠.

변동성이 큰 장세

셀트가 코스피로 이전 상장하기 전까지
주가 변동성이 클 거라는 뉴스가 나오더니
정말 변동성이 큰 장세가 연출되고 있네요.
확실히 주식판은 짜고 치는 고스톱판이네요.
공매도 세력들은
살고자 하면 죽고, 죽고자 하면 산다는 말을
실천이라도 하듯 죽기 살기로 덤비네요.
확실한 건 이런 큰 변동도
셀트 장투자들에겐 한낱 잔파도일 뿐이라는 것….

정답은 공매도 폐지

코스피 이전은 정답이 아닙니다.

우리가 가야 할 길은 공매도 폐지입니다.

우리 국민들으

대통령 직선제를 쟁취하고서

30년 동안 안심하다가

결국 큰코다쳤습니다.

아무도 나 대신

내 돈을 지켜주지 않는다는 것을

꼭 기억하시기 바랍니다.

김칫국 마시기

셀트가 코스피로 이전 후
어떤 종목이 수혜주로 떠오를 것인지에
대해 말들이 많은데요.
다들 정신 차리시기 바랍니다.
셀트 코스피 이전 상장 최대 수혜주는
바로 셀트이니까요.
굳이 머리 안 굴려도 이 정도는
다 아는 것 아닌가요?

제9장

한국 금융자본주의 최대 위기에 즈음하여

금융자본주의의 장례식 ①

무차입 공매도가 가능했다고요?
그것이 사실이라면 그동안
개인 주식계좌에 든 주식은
그냥 고양이(증권사)한테 맡긴 생선이었단 거네요.
정말로 현물 인출해서 장롱 속에 넣어야 하나….
궁금한 게 있네요.
이게 나라입니까?

금융자본주의의 장례식 ②

증권 거래 시스템이 이럴진대
은행 시스템이라고 제대로 관리감독될까요?
원래 금융 시스템 자체가 가진 자들이 앉아서
전 세계를 지배하기 위한 도구입니다.
어쩔 수 없이 금융 시스템을 이용은 하지만
진실은 아셔야 합니다.

금융 계엄령

금감원, 증권사, 은행 모두

당장 조사하고

주식 거래는 무기한 중단하는 게 필요해 보입니다.

금융 시스템 자체에 대한 신뢰가 땅에 떨어졌으니까요.

이번 사태는

금융 계엄령을 선포해야 할

자본주의 최대 위기 상황이라고 봅니다.

웃어야 할지 울어야 할지

만약 정부 조직 내

국유 자산을 관리하는 부서의 직원이

실수로 '대한민국'을 파는 실수를 했다면

그것도 단순 실수라고 하실 건가요?

정말로 기가 막히고 코가 막혀서

말이 안 나오네요.

부탁해요

새로운 금감원장님, 대한민국 주식 시장을 부탁해요.
그리고 셀트리온, 대한민국을 부탁해요.
부동의 코스피 1위 가격 예약에 놓은 셀트리온….
지금도 대단하지만
세계를 놀라게 할 기업입니다.

금융 범죄와 형량

금융 범죄는 무조건 법정 최고형으로 심판해야 합니다.
그래야 근절은 되지 않더라도
획기적으로 줄어들 겁니다.
금융 범죄와 단순 살인죄 중
어떤 것이 더 무거운 범죄일까요?
금융 범죄가 더 가벼운 범죄라고 생각하시나요?
정녕 자본주의가 중요하다고 생각한다면,
그래서 자본주의를 지키고 싶다면,
금융 범죄를 법정 최고형으로 다스리는 것이 마땅합니다.

개미들이여, 세상을 바꾸자

당신들은 초단타로 차익을 남긴다던데
개인이 한두 달 투자로 차익 남기는 꼴은 못 보는구나.
그것이 그리도 배가 아프더냐.
주식 투자 하는 개인에게는 당신들이 공공의 적이다.
공정한 룰이 적용되는 자본 시장 구현을 위해
개미들은 한마음 한뜻으로 뭉칠 것이다.
각오해라.

소액 주주 운동 관련

소액 주주 운동이 성공하기 위해선
국민들의 지지와 관심이 필수적입니다.
절대로 집단 이기주의의 발로로 비쳐서는 안 됩니다.
따라서 행동하기에 앞서
주주들의 지혜를 모아야 한다고 생각합니다.
일반인들은 주식을 도박이라고 생각하는 경향이 있으며,
소액 주주 운동에 우호적일 리가 없습니다.
그들의 관심을 돌리는 게 관건이지 싶습니다.
그러지 못할 경우 일반 국민의 지지를 받지 못하는
대기업 강성노조의 활동 정도로 비칠 겁니다.
따라서 주식 시장이 도박판이 될 수밖에 없었던 이유,
그리고 위조 주식 발행, 매도 행위가 주식 투자를
하지 않는 사람들에게 어떤 악영향을 끼치는지를
논리적으로 설명할 필요가 있다는 생각이 듭니다.

개돼지의 정의 ①

개처럼 벌어서
돼지처럼 쓰는 재미로 살고
국가적, 사회적 이슈를 먹방 보듯이 하는
인두겁을 쓴 생명체….

개돼지의 정의 ②

일본이 독도가 자기네 땅이라고 우겨도
"독도는 내 땅 아니야."
가습기 살균제 사건이 터져도
"우리 집 식구들은 멀쩡하니까 괜찮아."
은행 직원이 고객 돈 수백억 원 챙겨 튀어도
"뭐하러 신경 써. 훔친 돈을 나한테 나눠 줄 것도 아닌데."
사람들이 공분하여 평화 촛불시위를 해도
"세상은 안 바뀌어. 나는 굿이나 보고 떡이나 먹을래."
위조 주식 발행, 매매라는 대참사가 벌어져도
"그딴 거 트럭으로 갖다 줘도 필요 없어. 그나저나 우리 집
며느리는 주식 안 해서 참 좋아. 허허허."

국민이 요구하지 않으면
역시 정부는 아무것도 하지 않는다는 것을
이번 소액 주주 운동을 통해
확인한 셈입니다.
모두들 수고하셨습니다!

가짜 주식과 가짜 돈

셀트의 변동성이 이렇게까지
크다는 건
주식 시장에
가짜 주식뿐만 아니라 가짜 돈도
돌아다닌다는 증거 아닐까요?
비싸게 매수해서 싸게 매도하는
자들을 보면
차라리 우간다 주식 시장으로 가고 싶네요.

신기루를 쫓는 사람들

셀트 장투자를
무슨 신기루를 쫓는
얼빠진 사람으로 만들 셈이냐?
그렇다고?
에라이~
누구 말만 믿고
빚내서 집 산 사람들
지금 행색이 말이 아니더라.
그들이 바로 신기루를 쫓는 인간들이다.
대한민국 주식 시장에서
셀트 말고는 모두 신기루일지도 모른다.
경고하는데, 셀트 투자자들을
신기루 쫓는 사람 취급하지 마라.

뛰는 놈 위에 나는 놈

이번 사태를 통해 저는
기술 발달 속도는
인간의 탐욕의 팽창 속도를
따라가지 못한다는 결론을 얻었습니다.
전산 보안 기술이 나날이 발전하는 것처럼 보여도
항상 허점은 있는 듯하네요.
파생 상품이 등장한 것은 인간의 탐욕을
충족하기 위해서입니다.
인간의 탐욕은
어떤 방어벽일지라도
그 허점을 발견해 파고들 만큼 강력하죠.
일찍이 워런 버핏이 파생 상품의 실체를 제대로 간파했죠.
인간의 탐욕은 가히 악마에 비유될 만합니다.
인간의 탐욕을 막을 것은
이 세상에 아무것도 없다고 생각합니다.

평행이론

사카린 밀수와 위조주식 발행,

2가지 사건이 어쩐지 평행선상에 존재하는 듯하네요.

이번 사태에서 모 증권사는 가해사이자 피해자입니다.

왜 모 증권사의 경영진은 실수했다는 직원을

즉각 검찰에 고발하지 않는 걸까요?

이거 상식 아닌가요?

무슨 꿍꿍이가 있는지 궁금하네요.

비상식적 상황[16]

시방 이 시국은
분식집 한 곳에서 터진 사건 때문에
식당 업계 전체가 불황을 맞는
어이없는 상황….
즉각 해당 기업을 상폐 조치해야 한다.
썩은 사과는 즉각 버려야 한다!

---

16 모 기업이 분식회계, 불법상장 사태로 전 바이오 종목의 주가가 하락세를 면치 못하고
    있는 상황을 비유적으로 표현했다.

새로운 금융감독원장께

열심히 일해야 할 경영진이
안심하고 일만 하도록
좋은 금융 시스템이 정착되도록
노력해 주세요.
더 이상 주식 시장이
도박판이 아니라는 것을
서민들에게 증명해서
그들에게 희망을 선물해 주세요.
도박의 천국인 한국에도
건전한 주식 시장이 존재할 수 있다는 것을
전 세계에 증명하여
제발 국격 좀 높여 주세요.
자영업자 보호를 위한
대기업 규제도 필요하지만,
낙수효과 따위는 없다는 걸 몸소 증명이라도 하듯
행동하고 있는 대기업과 과실을 나누는
(과실을 그들이 독점하는 것은 부당합니다)
가장 현실적이고도 확실한 방법은
그 기업과 동업(투자)하는 것입니다.

대기업의 독점이 가속화되고 있는 현재

서민들에게 희망이 될 만한 것은

제가 알기로는 이것밖에 없습니다.

그 많던 돈은 다 어디 갔나 하는 서민들이 많습니다.

그 질문에 대한 답을 주세요.

최근 모 증권사가 저지른 사건을 통해 드러났듯이

현 금융 시스템은 거대한 사기입니다.

서민이 가진 현금은

매 순간 그 가치가 쪼그라들고 있습니다.

이 무서운 진실을 우내한 민중에게 알려 주시고,

그들에게 희망을 안겨 주시기를 간곡히 부탁드립니다

말로만 다 같이 잘 살자고 외치는 놈들에게

제발 모범을 보여 주세요.

사기는 사기로 덮는다

모 증권사의 증권사기 사건은
B 기업의 회계사기 사건을 덮기 위한
가림막이었다고 믿는다
잘못하면 그것이 공매도 폐지의 신호탄이
될 수도 있는 악수이지만
지금 그들에게 더 중요한 건
그룹 경영권이 후계자에게 안전하게 승계되는 것일 것이다.
그렇게만 된다면
향후 30년 동안 자기들 세상일 거라 믿는 거겠지.
그만큼 그놈들은 지금 초조할 거란 얘기….

서 회장께 ③

서 회장님, 귀국했으니
뭔가 특단의 대책을 내놓으시기 바랍니다.
그간 해외에 체류하면서 사업에 집중하느라
주가 관리에는 신경을 못 쓰셨을 줄 압니다.

지금 주가를 보십시오.

얼마나 많이 떨어졌나요?

전고점 392,000원에 매도하지 못해 억울해서

이러는 게 아닙니다.

하지만 작전주도 아닌 종목이 뚜렷한 이유 없이

천국과 지옥을 오가는 건 비상식적입니다.

이런 게 바로 주가 조작이 아니고 뭔가요?

솔직히 대답해 보십시오.

공매도 놈들이 가짜 주식을 발행한다는 사실을

혹시 예전부터 알고 계셨던 건가요?

그래서 지금 그놈들과의 싸움을 회피하시는 건가요?

그렇다 하더라도 그들과의 진투를 회피하는 것은

그다지 정의로운 행동이 아닙니다.

하는 데까진 해 봐야 합니다.

당신 주위에는 10만 의리파 열성 주주들이 있습니다.

그들을 위해, 그리고 당신을 위해

공매도 놈들에게 그냥 항복하는 일은 없었으면 합니다.

석폐는 무엇을 먹고 자라나?

금융범죄에 관대한 관행이 금융도덕 불감증을 키웠고,

적폐를 키웠다.

좀도둑이나, 대도 조세형이나

금융 범죄자들이나 모두 동급이란 말인가?

113조 가짜 주식 발행하는 것은 폭력 휘둘러 몇천 원

강탈하는 것보다도 약한 범죄란 말인가?

그렇담 개인이 100원짜리 위조동전 사용하다가 들키면

반성문만 제출하면 되겠네.

이 땅에서 유전무죄, 무전유죄라는 말은 여전히 사실인데

누가 이 나라를 우간다보다 나은 나라라고 하겠는가….

부작용

없는 실적 숨기기 위해 주가를 끌어올리는 것과
피부 주름살 숨기기 위해 피부를 이마 위로 자꾸만
끌어당기는 것은 같은 결과를 가져옵니다.
바로 심각한 부작용이죠.

아주 흔한 오해

거래소가 주식회사라면 당연히 거래량이 많을수록 수익이 많은 기업이겠죠? 저도 게시판에 올라온 글 보고 처음 알았습니다. 증권거래세가 그들의 주 수입원일 겁니다. 그나마 개인들이 내는 증권거래세가 대부분일거라 생각합니다. 당연히 기관투자가들이 세금 부담하면서까지 통정거래를 하지는 않겠죠. 이것이 우리가 아는 민영화의 민낯입니다.

여기서 민은 국민의 대표자(또는 국민의 이익을 대변하는 자)가 아니라 그냥 민간인(군인이나 공무원이 아닌 사람)이라는 의미일 뿐입니다. 많이 오해하는 부분이기도 하죠. 공무원이 원래 국민의 이익을 대변해야 하는 사람들이지만 아닌 것처럼 말입니다. 제가 잠시나마 몸담아 봐서 알지만 그들은 그냥 합리적 경제인이더군요.

흔히 사람들은 민영화 하면 더 투명하고 합리적이고 친서민적인 경영을 떠올리죠. 그러나 그건 환상에 불과합니다. 사실 거래소가 주식회사냐 아니냐는 중요하지 않습니다. 거래소가 공공기관이라 할지라도 수많은 이해 관계자가 있을 것이고 그들에게 휘둘리는 것은 일상다반사일 테니까요.

중요한 것은 일반 국민(서민)은 절대 이해 관계자가 아니라는 점입니다. 공무원이든 누구든 간에 국민의 뜻을 헤아려 일하지는 않습니다. 힘없는 국민의 의견을 반영해 주는 곳은 어디에도 없다는 것이죠. 이것이 서글프지만 팩트입니다.

그들은 행동하지 않는 국민은 국민으로 여기지 않습니다. 촛불 시위 같은 단체 행동을 하지 않으면 그들은 국민의 존재를 의식조차 하지 못하죠. 그래서 행동함으로써 국민의 존재를 알리는 게 중요합니다. 국민이 행동하지 않으면 민주주의는 퇴보할 수밖에 없습니다.

이상 한 소시민의 생각이었습니다.

제10장

투자 외전

변화 거부증

눈앞에 보여 줘도 보지 못하는 사람이 있습니다.
그렇다면 그 사람은
안 좋은 기억이나 고정관념이 있거나
무조건 믿지 않으려고 하는 사람이거나
변화 자체를 거부하는 사람일 겁니다.
물론 때로는 너무 가까이 있어서 못 볼 때도 있습니다.
그런데 셀트라는 회사를 못 믿는 사람들은
일부러 안 보려는 것이 맞는 말일 겁니다.
역사적으로 미래를 내다본 사람들은 항상
절대다수의 그렇지 못한 사람들한테
인정받지 못하거나 비난받았습니다.
그런데 나중에는 어떻게 되었나요?
대부분의 사람들이 변화를 거부한다고 해서
변화가 오지 않았나요?

혹시 지금까지 공매 세력들이

셀트와 셀트 주주들에게

이겼다고 생각하십니까?

눈앞의 대세를 보지 못하고

눈앞의 조그마한 이득에 눈이 먼

그들이 셀트에게 승리할까요?

공매 세력들은 패배하고 나서도 순순히

자신들의 패배를 인정하려고 들지 않을 겁니다.

분명한 건 그들을 기다리는 것은 비참한 최후라는 겁니다.

최후에 웃는 자가 승리자

가끔 야구 경기를 보면 한 이닝에 많은 득점을 내고서 자만을 했는지 이후 이닝에서는 득점 기회를 허무하게 날리는 팀이 있는 반면, 매 이닝 점수를 내는 팀이 있습니다. 야구 전문가가 아니라서 둘 중 어떤 팀이 승률이 높은지는 잘 모르겠습니다.

그러나 상식적으로 봤을 때 1~9번 타자 골고루 실력이 좋을 때 매 이닝 점수를 내지 않을까요? 그래서 후자의 전력이 안정적일 거라고 생각합니다.

이것을 주가와 비교해 보겠습니다. 모 제약사는 작년에 사이클링히트 또는 그랜드슬램을 달성했다고 볼 수 있습니다. 그러나 올해는 잠잠하지요? 이 회사의 적정 주가는 아무도 모릅니다. 작년 최고가가 적정 주가일 수도, 현재 주가가 적정 주가일 수도 있습니다. 확실한 것은 마지막 기술 수출 계약 공시 이후 주가가 많이 떨어졌다는 것이지요.

반면 셀트는 어떻습니까? 매 이닝 차곡차곡 점수를 얻는 야구 팀에 비유할 만하지 않습니까? 셀트 주가를 보면 쓰러질 듯, 쓰러질 듯 쓰러지지 않는 오뚝이 같지 않습니까?

안티들은 셀트 주가수익률이 높다고들 하는데 주가가 고평가인가 저평가인가는 중요하지 않다고 생각합니다. 만약 고평가라면 상상을 초월할 정도로 어마어마한 미래가치를 선반영한 것이라고 보면 되는 것이죠. 현재 주가가 절대 거품이 아니라는 말입니다. 거품은 꺼지게 마련이지만 셀트 주가는 절대 거품이 아닙니다. 거품은커녕 오히려 무차별 공매도로 기형적으로 짓눌린 상태입니다.

여담이지만 돈으로 일어선 레알 마드리드나 뉴욕 양키스가 한때는 추락하기도 했죠. 지금도 추락 중인가요? 잘 모르겠습니다. 돈으로 모든 것을 할 수 있다는 것은 위험한 시고방식이라고 생각합니다.

책임도 세습이 되나요

　재벌 기업 총수들이 자기 자식에게 사업을 물려주는 것이 당연한 것이 되어서는 안 됩니다. 흔히들 재벌 2, 3세들은 아버지 회사에서 경영 수업을 받지요. 근데 그게 어니 수업인가요, 땅 짚고 헤엄치기죠. 물론 전문 경영인보다 자기 자식이 오히려 더 능력이 뛰어나다면 자식에게 사업을 물려주는 것도 나쁜 생각이 아니긴 합니다.

　자식에게 물려주는 이유는 남보다 자식을 더 믿기 때문일 겁니다. 어떻게 보면 경영 능력보다 책임 능력이 더 중요한 것도 같습니다. 대대로 물려줄 사업이니까 당연히 말아먹지는 않을 것이라고 믿는 것이겠죠. 창업자 부모에게서 대기업 경영권을 물려받은 사람은 그 기업을 개인 기업이라고 착각하는 경향이 있습니다. 사실 그들이 소유한 지분은 쥐꼬리만 한데 말입니다.

　어쨌거나 본인의 회사라고 칩시다. 자기 회사니까 전문 경영인보다 더 책임감 있게 경영할 거라 믿습니다. 물론 사람은 실수도 하고 실패도 합니다. 전문 경영인은 실패하면 그냥 물러나면 됩니다. 재벌 총수들이 생각하듯이 핏줄이 아닌 남의 책임은 여기까지입니다. 당연히 재벌 2세들은 전문 경영인보다 책임감이 강하다고 했으니까 실패에 대한 책임도 확실하게 져야겠죠?

그러나 어디 그런가요? 그들은 잘나갈 땐 내 탓, 망하면 국가 탓이라고 생각합니다. 국민 세금은 자기들이 언제든지 빼 쓸 수 있는 쌈짓돈이라고 생각하지요. 이렇듯 책임 경영을 위해서 사업체를 세습한다는 그들의 주장은 거짓말입니다. 그들은 잘나갈 때에만 책임 경영을 합니다.

마지막으로 장기 투자자를 대표해서 서정진 회장님께 부탁드립니다. 혹시 자녀분에게 사업을 물려주실 건가요? 그렇다면 반드시 책임 경영을 실천하게 하십시오.

변화의 물결

2016년은 21세기의 진정한 출발점 아닐까 생각해 봅니다.
필리핀과 미국 대선에서 나타난 결과는 사람들이 변화하는
세상에 걸맞게 정치인에게도 변화를 요구했다는 것입니다.
무엇 때문에 사람들은 변화를 원했을까요?
이대로 가다가는 망국의 길을 걸을 수밖에 없다고
인식했기 때문이 아닐까 싶습니다.
양국의 국민이 느낀 위기의식의 원인은 다를지도
모르지만, 강력한 리더십으로 어떤 변화를 이끌어 내기를
열망했다는 것은 분명합니다.
때마침 한국에서도 변화의 물결이 일어나고 있습니다.
그동안 우리는 독재를 청산했다고 생각하고서 안심하고
있었습니다.
그러나 우리가 안심하고 있는 사이에 독재의 씨앗이
자라나 거목이 되려고 하고 있었음이 드러났습니다.
2016년은 하늘이 대한민국을 보우하사 우리에게 내린,
독재를 완전히 몰아낼 천금 같은 기회라 생각합니다.
모쪼록 새로운 정부가 하루빨리 세워지기를 기원합니다.

갈등

비정상의 정상화라는 말이 유행했다.
비정상이 정상으로 통하는 사회를 만들겠다는
의미였음이 들통나고 말았다.
금융 감독을 해야 하는 것들이
오히려
감독 대상의 눈치를 보는 나라….
이런 나라에서 정상인으로 살아가야 할지….
나도 같이 미쳐서 비정상인으로 살아가야 할지….
정상이 비정상을 이기는 나라에서 살고 싶다.
일단 오늘은 잠이나 자야겠다.

공매도 폐지의 의미

전쟁보다 평화가 좋습니다.

그러나 평화를 원한다면 전쟁에 대비하라고 했습니다.

새 정부가 적폐를 청산하려는 의지를

조금씩 보이고 있네요.

잘하면 대한민국에서 내전이 벌어질지도 모르겠습니다.

바로 정의와 비정의 간의 전쟁….

좋은 세상 만들기 위해

이런 전쟁은 필요하다고 생각합니다.

진정한 평화를 위해 전쟁이 필요하다면 감내를 해야죠.

새 정부와 대한민국 국민이 해야 할 일이 참 많습니다.

경제 분야에선 재벌 개혁이 필수입니다.

재벌을 보고 있노라면 제국주의 국가가 생각납니다.

정의로운 나라를 만들기 위해 악의 한 축인 재벌을

해체하는 것이 필수적이라 생각합니다.

그리고 공매도, 두말할 것도 없이 폐지해야 합니다.

공매도는 힘없는 개인들을 노예로 전락시키기 위한

제도이니까요.

공매도가 폐지되어야만 셀트와 셀트 주주들이
공매도 세력에게 진정 승리했다고 말할 수 있습니다.
셀트 화이팅!
셀트 주주 화이팅!

진실 수용의 과정

진실이 사람들에게 받아들여지는 과정은 아래와
같다고 합니다.

1단계: 조롱
2단계: 거부
3단계: 돌변(언제 그랬냐는 듯이)

사람들이 셀트의 가치를 인식하는 과정도
이처럼 3단계를 거칠 것으로 보입니다.
지금은 어느 단계일까요?

매국노는 현재 진행형

기관은 공매도 해서 돈을 버는 데 혈안이고
금감원과 떨거지들은 거래량 늘려 증권거래세
징수액 증대에만 관심 있고….
이들은 공통적으로 모 그룹 주가만 올리면
주식 시장이 잘 돌아가는 거라고 믿게끔 하죠.
개인은 죽든 말든 자기들 알 바 아니라고 생각합니다.
한술 더 떠 모 공직자는 부동산 투기를 부추겼죠.
대출받아 집 사라고….
이들이 바로 매국노 집단 아닌가요?

대한민국 바로미터

셀트가 성공하느냐 여부는
대한민국이
나라다운 나라가 되느냐 여부를
결정짓는 바로미터라고 생각합니다.
셀트 주가가 100만 원에 도달했을 즈음
이 나라가 진정한 나라가 돼 있을 거라고
한번 믿어 보렵니다.

증권거래세와 담뱃세

국민 건강을 극진히 생각하는 정부가

담뱃세를 올렸지만

결국 담배 판매량은 예선 수준을 회복했습니다.

설마 이렇게 될 줄 예측 못 했을까요?

만약 정부가 국민의 재산권을 지킬 의지가 있었다면

주식 시장이 지금과 같지 않았을 겁니다.

증권거래세를 올리든지 거래 수수료를 조정하든지

뭐든 시도는 했을 겁니다.

전혀 효과가 없으면 그때 가서 또 다른 시도를 하면

된다고 생각하는 게 공무원들의 오랜 관행 아니던가요?

그러나 증권거래세를 올린다면 분명 국민의 재산이

거덜나는 것을 막는 데 큰 공헌을 할 겁니다.

그러나 정부가 그러지 않을 거라는 것 또한 확실합니다.

증권거래세를 대폭 올린다면,

개인 투자자들이 줄어들 것이고

단타꾼들이 대폭 사라질 것이고

대부분의 개인들이 장투자가 되겠죠.

거래량도 줄어들 게 뻔합니다.

거래량이 줄어드는 것은 그들에게

자본 시장의 존재 의의를 퇴색시키는 일입니다.

따라서 증권거래세 인상이 아니라

양도소득세 확대로 갈 듯합니다.

정부는 안 해도 되는 일, 그리고 생색나지 않는 일을

군이(또는 절대로) 하지 않는다는 것 기억해야 합니다.

결론은 다음과 같습니다.

'정부는 돈을 못 버는 대다수 개인에게서는 증권거래세를,

돈을 버는 개인에게서는 양도소득세를 거둘 생각만 한다.'

양도소득세를 낼지 말지는 본인 선택입니다.

그러니 장투 하실 분은 앞으로도 장투 하시고

단타 하실 분은 앞으로도 단타 하세요.

(주)셀트리온 홈페이지(www.celltrion.com)

싱크풀 셀트리온 토론방(www.thinkpool.com)

주요 포털 사이트(네이버, 다음) 주식 게시판

희망나눔주주연대(www.hopeon.or.kr)

셀트리온 주주 간담회(www.youtube.com/watch?v=4V69_Pza38E)

세계 지식 포럼 서정진 회장 강연(www.youtube.com/watch?v=uTD4AAwU7Nk)

주주들이 알려주는 셀트리온 길라잡이(files.thinkpool.com/files/bbs/2016/07/25/guide.pdf)

정의정, 『23번가의 기적』, 렛츠북, 2018

박옥수, 『주식은 장기 투자가 정답이다』, 북랩, 2017